여섯 살, 미술 공부를 시작할 나이

여섯 살, 미술 공부를 시작할 나이

초판 1쇄 인쇄 2017년 10월 2일
초판 1쇄 발행 2017년 10월 10일

지은이 이유미
펴낸이 백유미

Publishing Dept.
CP 조영석 ㅣ **Director** 김윤정 ㅣ **Chief Editor** 박혜연 ㅣ **Editor** 이하정
Marketing 이원모 조아란 ㅣ **Design** 엄재선

펴낸곳 라온북
주소 서울시 서초구 효령로 34길 4, 프린스효령빌딩 5F

등록 2009년 12월 1일 제 385-2009-000044호
전화 070-7600-8230 ㅣ **팩스** 070-4754-2473
이메일 raonbook@raonbook.co.kr ㅣ **홈페이지** www.raonbook.co.kr

값 13,800원
ISBN 979-11-5532-312-0(03370)

이 도서의 국립중앙도서관 출판시도서목록(CIP)은 서지정보유통지원시스템 홈페이지(http://seoji.
nl.go.kr)와 국가자료공동목록시스템(http://www.nl.go.kr/kolisnet)에서 이용하실 수 있습니다.
(CIP제어번호 : CIP2017018144)

라온북은 독자 여러분의 다양한 아이디어와 원고 투고를 설레는 마음으로 기다리고 있습니다.
머뭇거리지 말고 두드리세요. (raonbook@raonbook.co.kr)

내 아이 4차 산업혁명의 주인공으로 만드는 창의력 교육법

여섯 살, 미술 공부를 시작할 나이

이유미 지음

RAON BOOK

프롤로그

자동차 소음보다는 철새가 떼를 지어 하늘을 날아다니고, 미세먼지 냄새보다는 정감 있는 시골 냄새가 가득하고, 비가 오면 개구리 우는 소리가 들리고, 때가 되면 오일장이 열리는 시골과 도시를 공존하는 남해 어느 작은 마을, 나는 이곳에 살고 있다. 이곳은 경상남도 창원과 김해 사이에 위치한 조그마한 섬 같은 지역으로, 논과 밭 가운데 새 아파트 단지가 모여 마을로 자리 잡았다.

이곳에서 나는 10년째 미술학원을 운영하고 있다. '학원 원장'이라는 타이틀은 사람들의 주목을 끌지 못하는 지극히 평범한 직업군일지 모른다. 나는 대학교만 졸업했지 특별히 내세울 스펙 하나 없는 평범한 사람이기 때문이다. 난 지방의 한 사범대 미술교육과를 졸업했다. 졸업생 중에서 졸업과 동시에 최고로 성공한 사례는 바로 임용합격이었다. 임용에 합격하지 못한 졸업생은 기간제 교사로 취업하고, 그마저도 어려우면 마지막 종착역인 학원으로 취업한다.

미술을 전공하면 보통 '나중에 할 것 없으면 학원이나 하지' 하는 인식이 있다. 그러나 나는 대학교 2학년 때부터 교육사업이 하고 싶었다. 방학이 되면 낮에는 아동 미술강사, 밤엔 입시 미술강사로 현장경험을 하면서 느낀 바가 있었기 때문이다.

졸업하고 1년 후, 나는 자본금 0원, 2평 남짓한 나의 작은 방에서 홈스쿨로 사업을 시작했다. 그리고 10년 동안 미술교육에 매진한 결과 현재 원생이 300명 가까운 큰 규모의 학원으로 성장했다.

이런 불황에 사업해서 성공한다는 것은 매우 어려운 일이다. 교육사업도 마찬가지이다. 매일 늘어나는 프랜차이즈, 변화무쌍한 교육 트랜드, 급변하는 교육 정책 등으로 사교육비는 증가하는데 영양가 없는 학원들이 속출하고 있다. 아이들이 다녀야 하는 학원 가짓수는 늘어나는데 우리 아이를 믿고 맡길 만한 학원은 점점 더 사라지고 있는 상황이다.

나 역시 학원을 운영하기 위해 프랜차이즈 교육가맹도 해보았고, 경쟁에서 살아남기 위해 안 해본 것이 없다. 그렇게 10년을 운영해보니 비로소 아이들에게 미술을 가르칠 때 무엇이 중요한지 알게 되었다. 왜 아이들이 미술을 배워야 하는지, 어떻게 배워야 하는지가 내 안에서 확신으로 자리 잡게 되었다.

나는 아이들에게 앞으로 빨리 나아가고 누구보다 앞서 가야 한다는 속도가 아닌, 스스로 방향을 잡을 수 있도록 하는 미래지향적이고 창의적인 미술교육을 지향하고 있다.

모 매체에서 하태균 심리학 교수가 본인의 자녀교육에 대해 언급한 내용이 생각난다. 이 시대에서는 아이들이 다 똑같은 방식으로 삶을 살아갈 수 없다고, 그러므로 그런 삶을 지향해서도 안 된다고. 아이들에게 필요한 것은 스스로 미래를 만들어나갈 수 있는 기회라고 한다. 교사와 모든 조력자는 아이들에게 맞는 방향으로 이끌어주어야 한다는 것이다.

나는 틀에 매여 있는 교구나 교재 같은 학습도구가 아닌 그림으로 아이들이 생각을 말하고 표현하게 한다. 나는 나만의 공부방식과 임상경험으로 우리 아이들에게 개인별 맞춤형 미술교육을 실행하고 있다. 처음 2명으로 시작했던 원생은 300명으로 늘어났고, 혼자서 홈스쿨, 교습소, 학원을 운영하다가 현재 7명의 교사와 함께 일하고 있다. 학원은 아이들 개개인을 위한 맞춤형 커리큘럼으로 이루어지고 있다.

그러다 보니 우리 학부모들은 '미술교육'이 단순히 스킬, 손 유희 활동이며 특정한 직업을 위한 교육이라는 편견을 걷어버리기 시작했다. 이런 인식을 걷어버리기까지 무수한 상담과 설득을 해야 했다. 이런 인고의 시간을 버틸 수 있었던 것은 아이들의 긍정적인 변화가 원동력이었기 때문이다.

특히 반촌이라는 지역적 특성 때문에 더 많은 고비와 시련이 있었지만, 아이들의 지도 결과에 부모들이 마음의 문이 열기 시작했고, 기본 5년 이상의 지속성을 가지고 아이들이 꾸준히 다니는 성과를 내고 있다. 그래서 보통 미술학원에는 유치부와 저학년이 많지만, 우리 교육원에는 다양한 연령대의 아이들이 포진되어 있다.

우리 학원의 아이들은 본인만의 성장 스토리를 만들어내며 자존감을 키우고 있다. 미술은 우리 아이들이 학습의 기초로 삼을 수 있는 도구, 우리 아이만의 창의력을 끌어낼 수 있는 도구, 자기 주도학습을 할 수 있는 도구로 자리 잡게 되었다. 지금 내가 운영하고 있는 진영이라는 남해 작은 소도시에서 입소문이 자자한 명실상부한 학원으로 자리매김했다.

나는 이 책에서 나 역시 아이를 키우는 엄마로서 앞으로 우리 아이가 행복한 삶을 살도록 방향을 이끌어줄 수 있는 교육이 무엇인지 소통하고 싶다. 앤서니 브라운의 그림책에서 꿈꾸는 윌리를 보았듯, 그 속에서 나는 미술이라는 도구가 얼마나 아이들에게 훌륭한 성장의 밑거름이 될 수 있는지 보았다. 그리고 앞으로 다가오는 4차 산업혁명시대에 우리 아이들을 어떻게 키워야 할 것인지 방법적인 부분까지 제시하고 싶다.

이제는 1등이라는 서열이 아닌, 오로지 아이 스스로 경험하고 가능성을 발전시켜 성장해가는 과정이 필요한 시대이다. 이성과 감정의 조화를 균형 있게 발달시키는 맞춤형 미술교육이야말로 아이들에게 정말 필요한 경험이라 생각한다.

　나는 잠이 많은데다가 대학 생활 동안 늦게까지 작업하는 나머지 새벽에 자고 늦게 일어나는 수면습관이 있었는데 엄마가 되면서 그 패턴을 완전히 바꾸었다. 새벽에 일어나 아이가 깨는 것을 바라보며 한쪽 공부방 책상에 앉아 하루를 계획하고 글을 쓴다. 지금 나는 우리 아이뿐만 아니라 많은 아이에게 더 좋은 방법으로 스스로 생각하고 표현하는 힘을 깨우쳐 주고 싶다.

　누구나 처음은 많은 시행착오를 겪고 단련된다. 나 역시 처음 엄마가 되었기에 더 많이 연구하지 않았나 싶다. 이 세상에 모든 부모에게 응원을 보내며, 나처럼 어딘가에서 묵묵히 진심을 다해 교육하는 종사자에게도 응원의 메시지를 보내고 싶다.

이유미

목차

1장 - 이 세상 아이들에게 미술이 필요한 이유

2장 - 미래형 미술교육이란 무엇인가

3장 - 아이가 느끼고 엄마가 감동하는 미술교육

4장 - 리움의 아이들은 다르다

5장 - 대한민국 미술교육의 기준을 꿈꾸다

1장

이 세상 아이들에게
미술이 필요한 이유

미술학원
왜 보내세요?

나는 앤서니 브라운(Anthony Browne)의 그림책을 좋아한다. 그의 그림책은 다양한 주인공을 통해 스스로 생각하게 하는 힘이 있다. 그중에서도 나는 '꿈'에 관한 〈꿈꾸는 윌리〉라는 그림책을 참 좋아한다.

주인공 윌리는 수많은 꿈을 꾼다. 현실적인 꿈도 꾸고 비현실적인 꿈도 꾸면서 윌리는 마지막 단 하나의 꿈을 찾고 싶어 한다. 그리고 재미있게도 페이지마다 그려진 바나나의 개수를 세어보면, 주인공 윌리의 단 하나의 꿈을 찾을 수 있게 된다.

이처럼 우리 아이들에게도 자신만의 꿈을 찾을 수 있는 여러 가지 방법이 있으면 얼마나 좋을까? 아이들의 내면에는 무궁무진

한 잠재적인 재능이 있다. 다만 아이들이 그것을 스스로 찾을 수 없을 뿐이다. 그래서 이 시기에는 조력자가 필요하다. 나 역시 아이들이 현실세계에서 벗어나 마음껏 상상의 나래를 펼치며 꿈을 찾아갈 수 있도록 따뜻한 조력자 역할을 해주고 싶다.

하지만 현실은 우리 아이들에게 그리 호락호락하지 않다. 종이접기, 그리기, 요리, 만들기, 그림일기, 생활화, 상상화 등등 다양한 미술 영역을 초등학교에 들어가기 전에 섭렵해야 하고, 초등학교 기간에는 시간 내에 작품을 완성해야 하고 동시에 미술상을 받아야 하고, 고학년이 되면 수행평가를 위해 소묘, 수채화, 포스터까지 두루두루 섭렵해야 한다. 그래야 미술이라는 과목에서 처지지 않고 이후에 다른 공부에 전념할 수 있게 된단다.

그래서 초등학생의 일과는 날마다 바쁘다. 미술학원에 와서도 자신이 무슨 활동을 하는지, 왜 그림으로 표현하는지 생각조차 하지 못한다. 미술은 주로 활동 위주의 수업으로 진행되다 보니 재미있는 놀이 같지만 시간이 흐를수록 그림에 타고난 아이들만 흥미를 느낀 채 대부분 아이들은 시간 때우기 식으로 보내게 된다.

과연 우리 아이들에게 미술교육이란 무엇을 의미할까? 아마도 초등학년 시기에 미술교육에서 부모들이 바라는 건 단 하나, '자신감 있게 표현하는 법'을 익히는 것이다.

일반적으로 미술교육을 하면 아이들의 창의력이 발달하고 소근육 활동 및 표현력이 향상된다고 한다. 그리고 연령별로 미술교육의 효과가 다르다고 한다.

난 위대한 미술교육 이론학자인 로웬펠트(V. Lowenfeld)나 아이스너, 다중지능이론의 가드너처럼 위대한 교육이론의 학자도 아니고 공부를 많이 한 교육이론 전문가도 아니지만, 그동안의 경험으로 비추어보자면 미술을 통해 잠재적인 가능성을 표현할 수 있는 자신감뿐 아니라 아이들이 꿈을 만들어나가는 방법을 배울 수 있다고 본다. 바로 그런 점에서 나는 조금 다른 방법으로 아이들에게 '생각을 표현하는 방법'을 가르치고 있다. 미술은 생각을 표현하는 훌륭한 도구가 되기 때문이다.

미술교육은 그림일기를 얼마나 잘 해낼 수 있게, 얼마나 생활화를 멋들어지게 그릴 수 있게 가르치는 것이 아니다. 준비된 대회 출전용 그림을 외워서 그리게 하는 것이 아니다. 아이들이 표현하고자 하는 생각을 누구의 눈치도 보지 않고 자유롭게 그리게 하는 것이 미술교육의 시작이다. 머리로 즐겁게 생각해서 표현해야만 '나도 할 수 있다'는 성취감을 느낄 수 있기 때문이다. 이 성취감이 뭐든지 할 수 있는 가능성 있는 아이로 자라게 한다.

아이들은 현실세계에서 벗어나 상상세계인 공간에서 자신만의 생각을 말하고 표현하고 그려봄으로써 다시 현실세계와 마주했을 때 당당히 자신의 가능성을 발휘할 힘을 얻는다.

어떻게 미술교육을 하느냐에 따라 아이들의 생각의 문을 열거나 닫히게 할 수 있다. 미술교육은 대단한 힘이 있다. 현실에서 그 힘을 적용하여 활용할 수 있는 놀이야말로 아이들이 세상과 마주할 힘이 된다.

우리 학원 아이들은 모두 미술을 배우고 있지만 꿈은 다양하다. 〈꿈꾸는 윌리〉의 주인공처럼 건축가, 프로파일러, 작가, 요리사, 영화배우, 가수, 사업가, 선생님, 엄마, 미술원장님, 디자이너, 부자, 가난한 사람을 도와주는 사람, 배트맨, 공주, 포켓몬 등등 다양한 꿈을 꾸면서 미술을 배운다.

이런 꿈을 꾸기 위해 아이디어도 내고, 기획도 하고, 생각도 하고, 토론도 하고, 자기 생각을 그림으로 그리는 과정을 통해 선생님들과 다양하게 소통한다. 그 많은 꿈 중에서 아이들은 하나하나를 머리로 그려나가며, 자신만의 꿈을 찾을 수 있다는 자신감을 쌓아나간다.

우리 아이의 단 하나의 꿈, 그것은 무엇일까? 나는 오늘도 궁금해하며 아이들과 상상의 세계에서 소통하며 현실과 잇는 징검다리 역할을 하고 있다. 나는 이 책에서 이런 부분들이 어떻게 실현되는지를 방법적으로 제시하고자 한다.

그림을 통해 생각을 배우고 표현하는 아이들은 언제나 행복한 꿈을 꾸고 있다.

미술교육을 통해 진정으로 얻고자 하는 것

이제 6살이 된 지환이는 유치원을 마치고 자기 좋아하는 과자를 들고 어디에 오는지도 모른 채 엄마 손에 이끌려 나를 만나러 왔다.

지환이 엄마는 나에게 대뜸 아들이 엄마를 닮아서인지 그림에 너무 소질이 없어서 걱정이라며 한숨을 내쉬었다. 유치원 그림 활동을 보니 충격적이라는 말씀과 초등학교에 가면 저학년 시기에는 미술에서 상을 많이 받아야 자신감을 키운다고 하는데 지금 상태를 보아하니 아이가 잘 못 따라갈까 봐 걱정스럽다고 했다. 빨리 나에게 아이가 사람만이라도 제대로 잘 그릴 수 있도록 지도해 달라고 부탁했다.

초등학교 3학년에 보라색 안경을 쓴 총명하게 생긴 여자아이 민진이는 유치원 때부터 저학년 때까지 학교 미술상을 놓쳐본 적이 없으며, 얼마 전에는 ㅇㅇ어린이그림그리기 대회에서 대상을 받아 집안이 들썩했을 정도로 엄마는 딸아이에 대한 자부심이 가득했다. 그 덕인지 민진이는 자신감 있고 공부도 잘하는 아이였다.

그러던 어느 날 학교숙제에서 '나의 꿈 그리기'라는 주제로 그림을 그려서 발표하는 과제가 있었는데, 민진이가 집에서 과제를 하는 모습을 보고 엄마는 큰 충격을 받았다. 아이가 엄마 눈치만 보고 제대로 표현하지 못했기 때문이다.

민진이 엄마가 "민진아, 그냥 너의 꿈을 그리라잖아. 미술학원을 4년이나 다닌 민진이가 이 정도를 못 그리니?" 하고 다독이자, "엄마, 나 사실 학원에서 연습을 안 해봐서 못 그리겠어. 어떻게 그려야 할지 모르겠어." 하고 민진이는 눈물을 흘렸다.

민진이 엄마는 그날 밤 한숨도 자지 못했다. 나름 미술대회에서 상도 받아서 그림을 잘 그리는 아이로 생각했는데 민진이의 이런 모습을 보니 도저히 이해가 되지 않는 것이다.

이러하듯 아이를 키우는 엄마에게는 늘 각각의 고민거리가 있다. 우리 아이가 잘해도 고민이고, 부족해도 고민이다. 잘하는 아이라면 아이에게 더 무엇을 채워줄 것인지 전전긍긍하고, 부족한 아이는 또래를 따라가지 못해 자신감을 잃을까 봐 전전긍긍이다.

이런 고민을 해결하기 위해, 문제를 해결해줄 것이라는 희망으로 사교육이라는 것을 시킨다. 사교육으로 부족한 것을 채워서 공교육에서 친구들과 경쟁하였을 때 내 아이가 뒤처지지 않게 하려는 것이 부모들의 희망사항이다.

나는 입학 상담 시 우리 학원의 커리큘럼을 제시하기보다는 부모들이 아이를 우리 학원에 보려는 이유를 먼저 파악한다. 그 다양한 사례를 나는 먼저 들어본다. 분명히 저마다 다른 이유로 미술교육을 시키려는 이유가 있다.

일단 부모의 육아와 학습에 대한 고민을 들어보면, 그 내용은 정말이지 다양하다. 유아기 특히 5세 정도가 되면 표현하고자 하는 욕구가 나타난다. 벽이나 종이에 무언가를 표현하기 시작하면, 이제 미술학원에 가서 전문가에게 미술을 배워야 한다는 부모의 학습장치가 움직인다. 집에서는 동생 때문에, 혹은 형이나 오빠 때문에 자유로운 표현이 어려우니 집에서는 시킬 수가 없단다. 그래서 부모가 아이에게 직접 해줄 수 없는 환경을 갖춘 학원의 전문가에게 맡기면 안심이 된다고 한다.

초등학년에 아이들을 미술학원에 보내는 이유는 저학년과 고학년 두 분류로 나뉜다. 저학년 부모들은 "너의 생각을 그려봐"라고 했을 때 아이가 잘하든 못하든 자신감 있게 표현했으면 좋겠고, 학교 그림숙제나 미술시간에 나오는 그리기 활동이나 모든 표현 영역을 스스로 해결했으면 좋겠고, 잘하든 못하든 스스로 만족했으면 좋겠단다.

고학년 부모들은 중학교에 들어가기 위해 수행평가에 대비하여 특히 미술에 소질이 보이면 적성수업, 취미활동은 한 가지 이상 해두어야 하기 때문에 미술을 시킨다. 그 안에서 소소히 남들과 비교하지 않고, 오로지 아이들의 진정한 창의성 교육을 위해 시키는 부모도 있지만 대략 이런 이유 때문에 미술교육에 입문하는 경우가 많다.

연령 별로 미술교육을 시키려는 이유는 다양하지만, 그 내용을 종합해볼 때 우리 아이에게 미술교육을 시키려는 궁극적인 목적은 아이에게 표현할 수 있는 자신감을 심어주는 것이다. 아이들에게 수학점수보다 영어점수보다 정말 중요한 것이 '표현할 수 있는 자신감'인 시대이기 때문이다.

내 생각을 그려봐! 내 생각을 표현해봐! 내 생각을 말해봐!

그러기 위해 우리 아이에게 맞는 교육원을 찾아보고 커리큘럼도 들어보고 선생님들을 만나보고, 집에서 가까우면 일석이조다. 유아기 때나 저학년 때는 예체능을 필수적으로 교육하면 좋다는 인식이 있고, 고학년 때는 할 시간이 없으니 저학년 때 경험해봐야 한다고 인식하는 과목이 미술이다. 그러다 보니 어머님들은 다양한 활동을 지향하는 경향이 있다. 손 유희 활동인 그리기, 만들기, 종이접기, 요리, 책 만들기 등 오로지 아이들의 경험 체험 위주의 교육을 지향한다.

하지만 그러다 보니 진정 우리 아이들이 즐기고 익히는 교육으로 연결되지 못하고 일회성으로 그치고 마는 것이 현실이다. 그래서 미술은 배워야 하는 새로운 과목의 비중이 늘어나면서 시간이 부족하면 그만두기 제일 쉬운 과목 1순위이다. 아이들의 의사와 상관없이 2년 정도 흐르면 그만두게 된다. 미술은 그냥 단순 놀이였던 셈이다. 단순히 이런 활동만으로 아이가 자기 생각을 표현하고 그리고 말하는 자신감을 갖게 된다고 착각한다. 국어, 영어, 수학도 기초적인 단계가 필요하듯이, 이런 과정도 표현하는 단계가 필요한데 말이다. 그리고 시기도 아이마다 다 다르다기 때문에 특별한 주의가 필요한데 말이다.

그럼 어른들에게 어떤 주제를 주고 그려보라고 하면 과연 잘 표현할 수 있을까? 우리나라는 활동과 경험만 시켜주면 아이가 무엇이든 다 할 수 있다고 생각한다. 그러나 막상 아이들을 가르쳐 보면 그렇지 않다는 것을 금방 알게 된다.

모든 아이가 타고난 기질과 성향이 다른데다가 개인차가 있다 보니 결국 자신감 있게 그림을 표현하게 해주려면 관찰력이라는

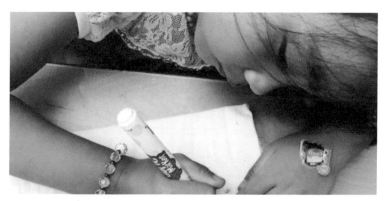

것이 필요한 아이가 있고, 다양한 경험을 그려낼 방법이 필요한 아이가 있으며, 감성으로 보듬어 표현할 수 있는 즐거움을 먼저 느끼게 해줘야 하는 아이가 있으며, 상상력을 키워줘야만 하는 아이가 있다. 이렇게 제각각 기질과 발달수준이 다르다 보니 표현할 수 있는 자신감을 키워줘야만 하는 시기도 다 다른 것이다.

이런 과정을 거쳐야만 본인의 의욕과 의지로 뭐든지 하고 싶은 마음의 새싹이 자라난다. 그러면서 제각기 다른 방법으로 미술을 도구로 하여 표현할 수 있는 자신감을 쌓아가게 된다.

오롯이 이런 과정을 밟은 아이는 학교에서든 어디서든 항상 자신감이 있고, 머릿속에서 그림을 그리고 손으로 표현할 수 있어 자기의 생각을 표현할 수 있는 아이로, 친구들과 소통할 수 있는 아이로 자란다. 즉 두 마리의 토끼를 다 잡는 셈이다.

나는 미술을 가르치면서 아이들이 무엇이든 두려워하지 않고 뭐든지 다 잘할 수 있는 아이로 자라나는 것을 보았다. 아이들의 생각이 전환된 셈이다.

아이들이 "선생님, 난 뭐든지 잘할 수 있어요."라고 말하는 순간, 그림이 가져오는 교육 효과를 눈으로 보게 된다.

인간이 살아가는 데는 필요한 욕구가 있다. 그 단계에 맞게 하나하나 욕구가 충족되어야 윗단계로 올라가듯이 안정적인 정서가 있어야 자아실현을 할 수 있는 단계가 온다. 아이들의 학습 욕

매슬로우의 욕구 5단계 이론

구가 잘 형성되려면, 표현의 욕구가 충족되어야 한다. 5세 정도가 되면 표현하고자 하는 욕구가 나온다. 누군가가 내가 표현하는 것을 보아주었으면 하고 인정해주었으면 하고 자기표현에 반응해주기를 원한다. 이 시기에 표현의 욕구가 충족되지 않으면 자신감을 잃어가고 좌절하여 아무것도 할 수 없는 아이로 자라난다.

어린아이가 자신의 드러낼 수 있는 가장 강력한 표현방식은 '그림'이다. 이럴 때 표현하는 즐거움을 아이가 마음껏 느껴야 어디서든 당당히 표현할 수 있는 자신감이 생긴다. 미술은 아이들이 자유롭게 생각하고 무엇이든 표현할 수 있게 하는 훌륭한 도구가 되어준다.

부모들은 겉으로 보이는 현상이나 아이에 대한 기대치 때문에 가끔 아이에게 무엇을 가르쳐야 할지 방향을 잃기도 한다. 사실 부모들이 미술교육을 통해 진정으로 바라는 것은 표현 스킬이 아니라 아이가 자기를 건강하게 표현할 줄 아는 건강한 아이로 자라는 것일지 모른다.

단순히 상을 받을 만큼 그림을 잘 그리기 위해 미술을 배우는 것이 아니라, 그림으로 머릿속 생각을 확장시켜 스스로 뭐든지 잘 할 수 있다는 인식의 전환이 일어나도록 하는 것이 내가 미술교육을 통해 추구하는 것이다.

생각 표현이
어려운 아이들

　요즘 아이들은 자기 생각을 표현하는 데 서투르다. 표현이 서툰 아이들은 소통능력이 부족하다. 그래서 그림으로 생각을 표현해봄으로써 표현력을 기르는 것이 중요하다.

　생각을 표현하기 이전에 먼저 해야 하는 것이 있다. 바로 다양한 감정을 표현하는 것이다. 자신의 감정을 먼저 알아야 표현도 가능하다. 그래서 나는 항상 아이들에게 먼저 감정을 표현하는 방법부터 알아가게 한다.

　감정은 자연스러운 상황에서 잘 표현된다. 그래서 우리 수업은 항상 이야기로 시작된다. 때로는 선생님의 이야기로 다양한 감정을 알아가고, 그림책 속 등장인물들을 통해 여러 감정을 느껴보고, 감정놀이를 통해 수많은 다양한 감정을 표현해내도록 유도한다.

아이들의 표현능력은 단순 손 유희 활동으로 향상되는 것이 아니라, 내면의 다양한 감정을 아이가 먼저 느끼고 어떻게 표현할지 고민하는 데서부터 출발한다. 그러면 아이들이 그림으로 무엇을 먼저 표현하고 싶은지 알 수 있게 된다.

이야기로 만들어가는 미술수업이 재미있어요!

나는 역발상식 미술교육을 지향하고 있다. '역발상'이란 주제에 대한 정확한 답을 제시하는 것이 아니라 자신만의 주체적인 생각으로 결과를 만들 수 있다는 장점이 있다.

아이들의 그림은 제각기 다르게 표현되므로 아이들의 다양성을 존중해준다. 이런 수업으로 이끌기 위해서는 도입 부분에 다양한 스토리와 사례가 있어야 한다. 나는 PBL(project Based Learning)교육 방식을 지향한다. 이 방식은 21세기 교육역량을 위한 수업으로 프로젝트 기반학습을 통해 창의력, 비판적 사고력, 소통, 협동을 이끌어내는 것이 목표이다. 똑같은 주제로 시작하지만, 결과는 자신의 경험과 표현으로 다양하게 나타날 수 있는 것이다. 그래서 선생님들은 아이들에게 맞는 맞춤형 발문방식을 만들어 제시한다.

나의 이야기, 경험 그리고 친구들의 이야기를 그림으로 더 잘 표현할 수 있어요!

"만약에 말이야~", "너라면?", "가본 적 있니?", "무엇을 만들 것 같아?", "상상해서 이야기 만들어보자." 이런 식의 질문이 이어진다.

아이들의 성향과 발달 특성에 맞춘 상상적 발문, 지식적 발문, 경험적 발문, 감성적 발문, 관찰적 발문을 통해 아이가 그림으로 자기만의 정답을 만들어나가게 한다.

그러다 보니 아이들은 서두르지 않는다. 불안해하지도 않는다. 그 순간을 즐기고, 미술시간에 행복해한다. 어머님들은 해야 할 공부도 많은데 아이들이 너무 느긋하고 천하태평이라고 걱정한다. 그렇다고 해서 아이들이 뒤처지는 것도 아닌데 말이다.

나는 아이들과 소통을 많이 한다. 그 소통 방법은 아이가 자신의 성장 과정을 알아나가는 것이다. 말로만 "잘하고 있어!"라고 하는 겉핥기식 칭찬이 아니라 바로 성장칭찬이다. 그래서 난 항상 아이들의 그림 자료를 만들어 제시한다. 5세 때의 그림, 6세 때의 그림, 7세 때의 그림, 초등 저학년 때의 그림을 통해 추억을 이야기하듯이 나누면 성장을 직접 눈으로 확인할 수 있다.

아이가 생각 표현이 어렵고 두렵다고 느낄 때, 한계를 느낄 때 난 그림의 변화과정을 보여주며 잘 성장하고 있으니 조급해하지 말라며 요목조목 칭찬을 해준다.

경쟁, 서열, 순위를 두려워할 필요없다. 자신만의 방법을 찾으

할 수 있어요! 재미있어요! 좋아요!

면 되는 것이다. 자신만의 차별화를 만들면 되는 것이다.

미술상을 못 받아도 괜찮아요!

"송이야! 너는 미술학원을 3년씩이나 다녔는데, 학교에서도 그렇고, 미술대회에서 상 하나 못 타와? 어휴!"

나 역시 10년 동안 미술교육에 종사한지라, 왜 방법을 모르겠는가? 미술상을 타는 방법은 어렵지 않다. 그러나 나는 개인별 맞춤형 교육을 통해 아이들을 관찰하고 지도한 터라 적절한 타이밍 교육이 필요하다는 것을 알고 있다. 교사가 만들어주는 상은 결국 아이를 망치게 된다. 그것은 아이들의 생각 문을 닫히게 한다.

아이들이 스스로 만드는 상을 그려가야 한다. 그러기 위해서는 아이가 발현해나가는 특징을 잘 파악해야 한다. 나는 아이가 스스로 다양한 도전을 받아들이도록 그림으로 소통한다.

"선생님, 이번에 과학상상화그림을 칠판에 걸어놓고 투표했는데요. 저번보다 완성은 잘했는데, 제가 발표를 잘 못해서 4표밖에 못 받았어요. 다음에는 꼭 발표를 잘해야겠어요."

"선생님, 장애인의 날 행사로 장애인 친구를 도와주는 그림을 그렸는데, 스케치만 다하고 색칠은 시간이 부족해서 완성하지 못했지 뭐예요. 속상해요."

이런 경험을 통해 아이들 스스로 도전하게끔 이끈다. 그런 도전의 가능성을 실현하게 해준 아이들이 나는 정말 고맙다.

중학교 가서도 계속 다닐래요

"진희야! 이제 중학교 올라가야 하니 미술은 그만해야지! 공부
하자!"

"그럼 난 어디 가서 표현하는 방법을 배워요? 공부도 중요하지
만, 나도 나만의 생각을 표현할 수 있는 공간이 필요해요. 전 만화
가 좋아요. 엄마는 집에서 만화 그리는 시간도 주지 않으면서…."

중학교에 진학하면 성적관리가 더욱 중요해진다. 그러다 보면
자연스레 미술수업은 뒷전이 된다. 그러나 진희 엄마는 진희의 의
견을 받아들여 계속 미술학원에 다닐 수 있게 해주었다. 미술학원
에 가서 자기만의 취미활동을 통해 학습의 원동력을 불어넣어 주
는 것도 나쁘지 않다고 여긴 덕이다.

진희는 대도시 고등학교로 진학하게 되어 우리 학원에 다니지
못하게 되었지만, 미술학원에서 배운 다양한 표현 경험이 많은 도
움이 되어 공부에 매진하고 있다.

우리 학원에는 미술을 전공하지 않지만 꾸준히 다니고 있는 중
학생들이 있다. 나는 이 아이들에게 외국 아이들처럼 미술이 자기
만의 욕구를 해소할 수 있는 좋은 문화로 인식되도록 가치관을 심
어주고 있다.

그림은 머릿속에 이미지를 먼저 그려내고, 손으로 표현하는 것이기 때문에 다양한 사고능력이 요구된다. 이것은 즉 '사고력'에 해당한다. 레오나르도 다빈치의 생각 노트에서 '글'과 '그림'은 빼놓을 수 없는 학습요소였다.

5세부터 13세의 아이들은 그림으로 자기의 생각을 표현할 수 있도록 지도해야 한다. 외국 교육과정에서 미술교육은 아이들에게 아주 중요한 학습 통로로 작용한다. 때문에 미술교육을 중요하게 생각한다.

그림으로 표현하는 즐거움을 아는 아이들은 수학이든 과학이든 역사든 다양한 콘텐츠를 자연스럽게 받아들인다. 이것이 바로 학습과 직결되는 공부방법이다.

감성교육이
아이와 부모를 바꾼다

작은 홈스쿨로 시작하여 한 지역에서 2곳을 운영하기까지 이 작은 마을에서 300명에 가까운 원생을 모을 수 있었던 것은 감성적인 소통을 통한 부모교육 차별화였다.

아이들의 감성, 성향, 발달 특성을 고려하여 창의적, 독창적인 자기만의 표현 방법을 찾아가는 맞춤형 교육 프로그램으로 나아가다 보니, 일일이 아이들에 대한 특성을 부모에게 전달해주고 싶었다.

그래서 나는 미술교육으로 아이들의 변화가 얼마나 다양하게 나타날 수 있는지 그 놀라운 효과를 전달한다. 아이들의 수업장면을 사진이나 동영상을 찍어서 보내기도 하지만, 활동 위주의 단편적인 장면만 포착하여 보이면 그 이외에 보이지 않은 놀라운 잠재적인 가능성이 가려지는 것이 늘 안타까웠다.

아이만의 장점, 가능성을 부모가 알고 자녀를 바라보는 긍정적인 시선은 아이들의 성장에 중요한 끼친다. 나는 1단계(10개월의 교육과정)를 마칠 때마다 두 차례씩 만남을 지속하여 특별한 맞춤형 부모교육을 지향하고 있다.

그림으로 엄마들의 고민거리를 해결할 수 있다

최소한 한 단계가 진행되는 동안 학부모와 두 번 정도 얼굴을 마주 보게 된다. 미술심리 치료처럼 진단이 아닌, 좋은 결과물을 나열한 성과 위주의 자랑이 아닌, 그저 순수하게 아이들이 표현한 그림으로 교사와 학부모가 소통하는 시간을 가진다.

중간 과정에는 아이들의 관심사와 생각을 읽을 수 있는 그림을 가지고 앞으로의 아이에 대한 지도 방향에 관해 얘기하고, 단계가 끝날 시점에는 이 단계를 통해 아이에게 어떤 변화가 일어났는지 대해 정리하는 시간을 가진다. 그리고 앞으로 아이가 나아가야 하는 단계를 그려가며 부모와 우리가 도와줄 수 있는 역할에 대해 소통한다.

그 과정에서 나는 다양한 표정과 감성이 교차하는 부모들의 모습과 마주하게 된다. 그 안에 기특함, 놀라움, 행복함, 미안함, 아쉬움, 즐거움, 슬픔이 녹아 있다. 활동 위주의 사진으로 SNS를 통해 소통할 수 있지만, 학부모들에게 전해줄 이야기가 너무 많기 때문에 꼭 얼굴을 보고 이야기한다.

그래서 어머님들은 아이들의 그림을 통해 우리 아이가 무엇에 관심 있어 하는지, 무엇을 힘들어했는지, 어떤 추억을 소중히 생각하는지 등 우리 아이의 생각지도 못한 다양한 경험과 생각을 알 수 있어서 어느 정도 아이에 대한 고민거리를 해결할 수 있다고 감사해한다.

그림으로 아이의 생각을 엿볼 수 있어서, 아이의 마음을 읽을 수 있어서 아이와 소통하는 데 많은 도움이 된다고 한다. 그래서 아이에 대한 고민이 털어놓는 엄마들에게 우리 학부모들은 이렇게 권한다. "하늘이 엄마, 원장님 한번 만나봐!"라고 말이다.

학습능력도 덩달아 오르는 잠재적 교육의 중요성

30~40대의 엄마들은 아이들을 돌보고 챙기느라 바쁘다. 그리고 교육 부분에서는 많은 성급함을 보인다. 아이가 한글에 관심을 보이면 당장 한글 선생님을 만나게 하고, 수학에 관심을 보이면 수학 테스트를 하게 되고, 책에 관심을 보이면 책을 읽어주는 선생님을 만나게 된다. 다양한 경험을 아이들에게 시켜주고 싶어 한다. 그래서 결과도 빨리 보고 싶어 한다. 아이가 남들보다 빠른 단

44

계이고 앞서나가면 흐뭇해한다.

　나는 아이들이 경험을 쌓을 수 있는 활동수업이 좋다고 동감하지만, 8세 9세 때 해도 늦지 않다고 본다. 다만 그 이전에는 가랑비가 옷깃에 자연스럽게 스며들 듯 아이들의 보이지 않은 잠재적 교육에 좀 더 관심을 기울였으면 좋겠다.

　그래서 미술교육이 단순히 그림을 그려내는 스킬 위주의 활동에서 벗어나, 자기가 주도하는 다양한 표현 활동을 통해 집중력과 이해력을 뿌리에 두고, 관찰력이라는 새싹을 키우고, 상상력을 토대로 큰 줄기로 뻗어나가 독창성, 민감성, 유창성, 문제해력을 가진 다양한 가지로 자유롭게 펼쳐 나가는 도구가 된다면, 아이들은 그 속에서 다양한 꽃을 피우고 열매를 맺게 될 것이다. 결과는 개인마다 다를지라도, 뿌리와 가지를 튼튼히 잡아주면 아이들은 단단해진다.

주입식 암기식 교육으로 살아온 30~40대 부모에게

　나는 방법미술교육을 강조한다. 아이들에게 스스로 해낼 방법을 알려줘야 한다. 방법을 터득하기 위해 미술은 이미지 교육, 또는 시각 교육으로써 아이들이 쉽게 접근할 수 있는 좋은 도구이다.

　외국의 아이들은 어떤 원리와 방법을 받아들일 때, 선생님들이

부모-아이-선생님의 상호작용으로 표현의 자신감을 키우는 새싹들

그림을 그려서 이해를 돕게끔 하기 때문에 프리젠테이션 능력이 뛰어나다. 지금 우리 부모들은 아이들에게 지식이나 사물을 설명할 때 말로만 설명하고 책을 같이 보는 것에만 그친다. 현재 30~40대의 부모들은 유년 시절에 주입식 암기 위주의 학습법을 익혔고, 석차 위주의 점수로 대학에 가고 취업했기 때문에 자녀에게 방법을 세심하게 설명하고 지도해주는 방식에 매우 낯설어한다.

그림에는 다양하고 섬세한 방법교육이 숨겨져 있다. 아이들은 그림을 통해 섬세하고 세심한 방법 교육을 배울 수 있다. 부모가 해줄 수 없는 다양한 효과를 미술교육은 더해줄 수 있다. 그래서 미술 공간은 아이들에게는 마법과 같은 용기와 희망을 주는 곳이다.

"이곳에 들어오면 뭔가 용기가 생겨요. 할 수 있을 것 같아요."

그렇다. 미술 공간은 아이들 자신에 집중할 수 있는 공간이 될 수 있다. 앞으로만 나아가고, 매일 단계를 뛰어넘어서야 하는 시기에 아이들은 한 발짝 멈추어 자신을 바라보는 시간을 가질 수 있다. 다양성이 공존하는 시대를 살아갈 아이들에게 현명하고 올바른 선택을 할 수 있게 만드는 공간은 반드시 필요하다.

2장

미래형 미술교육이란
무엇인가

시대를 반영한
미술교육을 만나라

21세기를 살아가는 지금 아이들은 정보가 넘쳐흐르는 곳에 살고 있다. 예전에는 다양한 교육 콘텐츠가 없어 선택권이 많지 않았다. 주로 집 근처나 학교 근처 학원에 다녔다. 수도권이 아닌 지방에서는 더더욱 그랬다. 하지만 지금은 교육 정보가 넘치다 못해 홍수가 일어나고 있다. 다양한 교육 정보가 매일 새롭게 생겨나고 없어진다. 미술교육 또한 마찬가지이다.

5세부터 13세까지는 지식 위주의 주입식 방법과 교재 위주로 진행되는 활동 위주의 수업방법이 대부분이다. 그러나 그런 방식으로는 요즘 시대가 요구하는 서술 위주의 응용적인 문제해결능력을 심어주지 못한다. 그렇다 보니 4차산업혁명을 맞아 어떻게 아이들을 교육해야 할지 학부모들의 고민이 깊다.

특히 큰아이를 둔 부모들은 더욱더 공감한다. 소문난 족집게 과외를 시켜도 효과는 그때뿐이고, 계속 사교육에 의존하며 아이의 성적이 떨어질까 전전긍긍한다. 늘어나는 사교육비 부담에 학부모들의 커피타임에는 항상 한 달에 교육비가 얼마나 들며, 나중에 대학 들어가도 걱정이라는 푸념이 따른다.

둘째 아이는 첫째 아이처럼 키우고 싶지 않다는 바람이 생겨났다. 다양한 활동 위주의 수업보다는 본인이 좋아하는 창의 위주의 수업을 찾는 학부모들이 느는 추세다. 이러한 교육을 하기 위해서는 아이를 관찰하고 탐색하여 장단점을 잘 파악하여야 한다.

예전에 비해 요즘은 다양한 테마를 갖춘 미술교육 프로그램이 쏟아져 나온다. 모든 학습의 기초인 자신감, 관찰력, 집중력, 이해력이 있어야만 비교 분석능력이 가능하고, 독창성 있는 자기만의 문제해결능력이 생겨난다. 그렇다 보니 사회성과 리더십를 키울 수 있는 교육이 요즘 부모들이 가장 선호하는 교육이다.

그 능력이 형성되면 학교 공부에 들어가도 받아들이는 정도가 다르다는 것을 큰아이를 교육해보고 둘째 아이를 교육해본 부모는 안다.

나는 그런 부모들의 니즈(Needs)를 파악하여, 아이들이 쉽게 받아들일 수 있는 매개체가 시각교육이라는 것을 알게 되었다.

그렇다면 그런 교육은 어떤 교육일까? 특히 5세부터 13세 아이들은 시각교육을 통해 눈과 손의 협응력으로 문제를 해결해간다. 그러므로 좌뇌와 우뇌를 동시에 쓸 수 있는 교육이야말로 미술교육이라는 확신을 가지게 되었다.

이제는 같은 미술교육이라도 미래를 준비하는 미술교육으로 나아가야 한다. 아이가 실생활에서 적용하여 쓸 수 있는 미술교육이 필요하다. 미술교육을 통해 방법적인 습관을 만들면, 학습에 임하는 태도가 확연히 달라진다. 우리 학원을 거쳐간 아이들의 경험과 임상을 토대로 요즘 엄마들의 고민과 해결방법을 들여다보겠다.

4차산업시대를 준비하는 미술교육

이제는 소통하지 않고 공부하지 않고서는 스스로 살아갈 수 없는 사회가 왔다. 미래형 아이로 나아가려면 이제 시대를 보는 눈이 필요하다. 앤서니 브라운은 세계에서 가장 유명한 그림책 작가이다. 내가 앤서니 브라운의 그림책을 좋아하는 이유는 아이들이 미래로 나아가기 위해 필요한 가치가 무엇인지를 그림책에 녹여냈기 때문이다. 그는 먼 훗날 21세기의 아이들은 창의적인 생각을 가지고 세상으로 나아가야 한다는 일침을 그림 이야기로 보여주고 있다.

앤서니 브라운의 그림책에 영향을 받아서 나의 교육관은 미래 지향적인 비욘드 미술교육으로 전환되었다. 그의 저작 중 〈거울 속으로〉 라는 그림책이 있다.

간략히 스토리를 설명해보겠다. 주인공 토비의 부모는 항상 직장 일 때문에 바쁘다. 그래서 토비는 매일매일 심심하다. 토비가 가장 바라는 것은 부모와 대화를 나누고 함께 노는 것이다.

토비는 긍정적인 자존감이 형성되어 있는 친구이다. 스스로 자신이 처해 있는 문제상황을 해결하려고 한다. 바로 그 방법이 상상력에 있다고 앤서니 브라운은 강조한다. 상상력이 창의력으로 진화한다는 메시지를 전달한다.

토비는 거울을 통해 새로운 상상의 세계로 나아간다. 그 거울 안 세상은 모든 것이 낯설고 새롭다. 초현실주의 세계가 열리고, 모든 사물을 거꾸로 보는 것을 통해 발상의 전환이 생긴다. 토비의 경험을 통해 미래에는 이런 시대가 열린다는 것을 어린이들에게 전달한다.

휴대폰와 연필을 결합한 '노트' 개념의 휴대폰이 발명되고, 냉장고와 TV가 결합한 스마트냉장고가 등장했다. 이제 낯선 사물들의 결합으로 다양한 발명품이 만들어지는 시대가 되었다. 이런 아이디어와 창의적인 사고가 중요하다는 것을 1980년대에 그림책을 펴낸 앤서니 브라운은 어떻게 알았을까? 1980년대에 발행된이 그림책은 2000년대에 와서도 창의 영역에서 시사하는 바가 크다. 나 역시 미술교육에 국한하지 않고, 시대의 흐름을 알기 위해 다양한 학습영역과 창의영역에 관심을 가지고 정보를 수집해오고 있다.

이제는 교사 중심으로 이끌어나가는 활동 위주의 교육에서 벗어나, 아이들이 스스로 느끼고 알아가며 표현하는 미술교육으로 탈바꿈해야 한다. 더 나아가 다양한 테마가 있는 미술교육 시장 속에서 본인에 맞는 프로그램을 찾아 창의 역량을 키워나가야 한다.

그 시작은 아이들의 생각이나 아이디어를 그림으로 표현해서 시각화하는 것이다. 그림으로 표현하는 단계를 거치지 않고, 교구, 교재 위주의 프로그램 활동으로 나아가게 된다면, 편협된 사고에 국한되어 다양성을 잃어버리고 타인과의 소통능력이 떨어진다.

생각이나 아이디어를 그림으로 자유롭게 표현하는 방법을 배우면 사람들에게 자기 생각을 쉽게 전달할 수 있다. 그리고 더 정교하게 다듬어져 언어로 확장하게 된다면 스스로 생각하고 주체적으로 행동할 수 있게 된다.

지금 이 순간
아이들이 느껴야 할 것들

미술교육은 미술이라는 도구를 이용해 다양하게 융합할 수 있는 교육으로 나아가야 한다. 다양한 관계와 소통 속에서 시각교육은 중요한 작용을 하며, 사람의 마음을 움직이는 힘이 있기 때문이다.

나는 아이들에게 눈앞에 있는 결과만 보기보다는 미래지향적인 관점에서 자신에게 가치 있는 활동을 하라고 강조한다. 아이들이 차근차근 이런 활동을 경험함으로써 눈앞의 장애물을 뛰어넘을 수 있다는 점을 확실히 느끼게 한다. 그러면 창의적인 사고력은 반드시 생긴다. 내가 미술교육을 통해 미래의 인재를 양성하고 있다는 뿌듯함을 느끼는 이유다.

생각이 표현되는 4단계

❶ what do you see?

항상 무엇이든지 호기심을 가지고 바라본다. 그러면 궁금증이 생기고 다양하게 생각할 수 있다. 유심히 관찰하는 습관을 통해 대상의 특징을 파악하려는 자세가 생긴다. 그것을 통해 조력자와 다양한 소통을 통해 발상하는 능력을 키운다.

❷ what do you think?

스스로 답을 그릴 수 있도록 한다. 생각을 구성해봄으로써 타인이 아닌 스스로 생각을 만들어간다는 즐거움을 알게 된다. 생각의 핵심을 파악할 수 있도록 시각적 마인드 맵핑을 만든다. 그것을 그림으로 그리는 생각정리기술을 통해 다양한 표현을 유도한다.

❸ what do you know?

'내가 상상한 것, 내가 표현한 것, 내가 창의적으로 만들어낸 것, 내가 재미있게 그린 것'을 인식한다. 직접 스스로 창조하고 표현한 것에 의미를 부여함으로써 이야기를 만들어 자신이 알고 있는 지식을 확장해나갈 수 있다.

더 나아가 수정 보완을 통해 내가 알고 있는 상상의 세계, 현실

의 세계, 지식의 세계를 연결지어 알아나간다. 자신의 결과물
에 가치를 부여하고 애착을 가지고 소중히 여겨야만 자기만의
스토리를 만들어간다.

❹ what do you feel?

그림은 어떤 문자나 기호에 비해 보는 사람들로 하여금 다양한
생각과 해석을 하게 한다. 다양한 정서 또한 읽을 수 있고, 그
림으로 자기감정을 전달할 수 있다.

우리 아이들은 자기 감정을 제대로 읽을 수 없고, 표현하는 방
법도 서툴다. 좋은 대학에 가기 이전까지, 만족할 만한 취업을
할 수 있을 때까지, 돈을 모을 수 있을 때까지라는 기간을 지정
해두고 목표를 향해 달려간다. 자신이 무엇을 좋아하고, 어떤
것에 행복해하고, 어떻게 살아가야 할지 모른 채 자기의 마음
을 감추고 누르는 것에만 급급해하며 살아가고 있다.

미래로 나아가기 위해서는 현재도 중요하다. 하지만 미래로
나아가기 위해서는 현재에 준비하며 계속 나아가야 한다.

지금 내가 어떤 감정을 느끼고, 무엇을 표현하고 싶은지… 본
인 스스로 파악해야 한다. 그러기 위해서는 그림을 통해 나를
바라보고 관찰해보는 시간을 가짐으로써 어떤 느낌과 생각이
드는지 떠올려보고, 경험을 그림에 비추어 보아야 한다. 이러

한 미술교육을 통해 우리의 아이들은 감성이 튼튼하게 자라날 것이다.

미술을 창의적인 놀이터로서 이용해 끌려가는 삶이 아니라 주도하는 삶을 만들어갈 수 있다. 이런 경험을 한 아이들은 정서가 올바른 새싹으로 피어나 다양하게 소통할 수 있고, 타협할 수 있는 리더십 있는 미래 인재로 자라난다.

> **우리 아이들에게 필요한 역량**
>
> - 기계가 할 수 없는 영역을 개척해 창의적인 놀이터로 만들자.
> - 자기주도적으로 표현할 수 있는 아이로 만들자.
> - 정서가 안정되고 올바른 인성으로 자라나는 새싹이 이제 필요하다.
> - 그림으로 소통하는 아이로 만들자.
> - 다양한 관계를 마주했을 때, 소통하고 타협할 수 있는 리더십 있는 아이로 자라나게 하자.

1.What do you see?

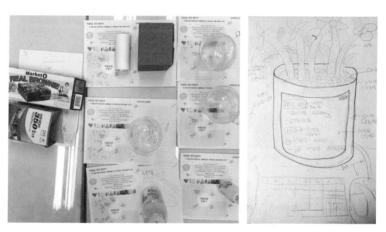

2.What do you think?

3.What do you know?

4.what do you feel?

트라이앵글 구조가
아이들에게 도움이 되는 이유

    상대평가에서 벗어나 점점 절대평가가 차지하는 비중이 커지고 있다. 남들과 비교할 수 없는 자신만의 색깔과 실력이 중요하다는 뜻이다. 그렇다 보니 어떤 과목이든 수업도 깊이 몰입할 수 있는 형태로 변화하고 있다.

    이 시대에 경쟁력을 가지기 위해서는 여러 가지를 잡다하게 잘하는 것보다 하나를 하더라도 특기라고 할 만한 장기를 가져야 한다. 요즘 대학의 수시모집을 보면, 취미생활을 꾸준히 수집하여 스토리 포트폴리오를 만들어 제출하는 경우가 많다. 그 포트폴리오는 면접을 볼 때도 요긴하게 쓰인다. 자격증이나 토익 점수보다 적성이 중요시되고, 어떤 스펙보다 인성이 중요한 요소로 자리 잡기 시작했다.

유아기 때부터 초등학교 시기에는 아무래도 다양하게 경험하게 하려다 보니 겉핥기식의 표면적인 교육 활동도 있다. 그 가운데 아이가 관심 있고 깊이 빠져드는 관심영역을 반드시 만들어야 한다.

그림이 모여 나만의 스토리텔링이 되다

아이가 자기 생각을 이야기로 자유롭게 말하는 시기가 6세이다. 이 시기에는 팝콘처럼 무한하고 다양한 이야기가 봇물처럼 튀어나온다.

상상에 기인한 이야기와 현실적인 이야기가 아이의 경험과 섞이면서 구체적이지는 않지만 감성적으로 표현된다. 이 시기에 자신이 상상한 스토리나 현실에서 경험한 것을 그림으로 만들어내는 작업은 아이들에게 새로운 발상을 할 수 있는 훌륭한 씨앗이된다.

아이들은 생각을 그림으로 말하는 즐거움을 통해 자기방식으로 스토리를 만들어낸다. 나는 아이들이 그린 그림을 항상 교실 벽에 전시한다. 몇 개의 그림을 통해 아이의 스토리를 읽을 수 있고, 아이마다 얼마나 개성이 다른지 알 수 있기 때문이다. 아이들은 이 그림들을 통해 부모나 선생님에게 자기 생각을 표현하는 기쁨을 느끼게 된다.

언제나 자기 생각을 표현하는 것은 생활 안에서, 아이들의 삶 안에서 자연스럽게 이루어져야 한다. 그래야 즉흥적인 상황 속에서도 자신을 표현할 수 있다. 그림이란 아이들에게 그런 존재이다.

아이들에게 1:3이 가져다주는 교육 효과

아이들이 창의적으로 생각하고 표현하게 하기 위해서는 조력자 역할이 상당히 중요하다. 나는 입학상담을 오는 학부모들께 항상 학원 운영방침을 먼저 화두로 제시하여 공감을 이끌어낸다. 아이들에게 좋은 교육이 필요한 것은 두말할 필요 없지만, 부모의 동의 아래 응원과 지지가 없으면 아무리 좋은 교육이라도 얼마든지 쉽게 꺾일 수 있기 때문이다.

"어머님들이 자녀를 저희 학원에 보내는 이유가 훌륭한 화가로 키우기 위해, 미술상을 많이 받기 위해서는 아니라고 봅니다. 아이가 그리는 것을 좋아하고, 생각을 표현하는 방법을 배우기 위한 것인데, 부모가 직접 우리 아이에게 해줄 수 없는 영역이다 보니 전문가에게 맡기는 것이지요. 저희 프로그램이 가장 좋다고는 할 수 없지만, 아이들에게 맞는 프로그램이 있다는 것을 알아주셨으면 합니다. 저희는 제일 강조하는 두 가지 교육방침이 있습니다.

첫째, 아이들이 좋은 선생님을 만나는 것입니다. 이때 좋은 선생님이란 작가적인 성향이 있고 자기만의 그림철학과 프라이버시가 강한 것이 아니라 아이의 눈높이에 맞추려 아이를 탐색하고 창의적 발문을 통해 자신감 있는 표현을 하도록 이끌어주는 조력자의 역할을 참신하게 하는 것입니다. 그리고 아이들의 상황과 정서를 잘 관찰할 수 있어야 합니다.

둘째, 겉보기만 좋은 환경이 아니라 아이들이 자유롭게 소통할 수 있는 아늑하고 따뜻한 느낌이 묻어나는 작업실을 만나는 것입니다. 이 두 가지 요소를 통해 자녀의 성향과 발달 특성을 프로그램에 녹여 아이들이 주도성을 발휘하여 다양한 표현 방법을 배우게 되는 것이지요."

모든 교육은 지속성을 바탕으로 교사 - 학생 - 환경, 이 삼박자가 잘 어우러져야 좋은 효과를 나타낼 수 있다. 이 세 가지를 생각하다 보니 우리 학원은 기존의 미술학원과 선생님 구성이 조금 다르다. 우리 학원은 미술교사 이외에 이야기 선생님, 그리고 원장인 나를 구성으로 한 명당 조력자를 3명으로 진행한다.

나는 아이의 전체적인 성향과 특성을 파악하여 아이에게 맞는 프로그램을 기획하고, 이야기 선생님은 아이만의 감성을 읽어 다양한 발문을 통해 자기 생각을 머릿속에서 그릴 수 있도록 도와 표현할 수 있도록 북돋아 준다. 미술 선생님은 아이가 다양한 방법으로 그려낼 수 있도록 가르친다. 생각 따로, 활동 따로가 아닌 이렇게 안정된 구조 속에서 조화롭게 발달하도록 이끌어간다.

감성교육이 이끄는 긍정적인 변화

대부분 미술교육을 접하게 되면, 우리 자녀가 이것만은 꼭 배우고 왔으면 하는 효과가 있다.

첫째, 우리 아이가 어떤 생각이나 주제를 그림으로 표현할 때, 표현 기술은 좋지 않지만 스스로 못한다는 스트레스를 받지 않고 잘 그리지는 못해도 자신감 있게 표현하는 것.

둘째, 학교에서 미술에 관련된 과제나 주제 그리기를 할 때 스스럼없이 표현할 것.

셋째, 자기 생각이나 의견을 그림으로 잘 요약하여 사람들에게 기획력 있게 전달할 것.

넷째, 미술활동을 통해 학업 스트레스를 풀 것.

우리 학원이 1:3으로 구성하는 이유는 이 네 가지를 모두 이루기 위해서다. 그리고 1:3 수업 구성의 효과가 제대로 발휘되는 바탕에는 감성교육이 있다. 아이들이 무엇을 느끼고 생각하는지에 중점을 두고 표현하게 해주면 의존성은 점점 작아지고 스스로 말하고 표현하기 시작한다. 자기표현에 익숙해지고 횟수가 늘어나다 보면 개성이 발현되는 등 다양한 효과가 나타난다.

아이들의 감정을 먼저 읽어주고 할 수 있다는 희망의 메시지로

격려해주면서, 어떤 시도도 결코 시간 낭비가 아니라는 도전의 메시지를 가슴속에 심어준다. 교육에 있어서 아이의 감정선을 자극하여 표현하고자 하는 의지와 자신감을 심어주느냐 아니냐는 결과에서 확연한 차이가 나타난다.

　이런 작업이 이어지면 아이들은 표현하는 방법을 스스로 터득하게 되고, 그림으로 자기만의 생각을 표현하는 방식 또한 정교해진다. 그러면 만들어내는 결과물이 더 구체적이고 더 많은 스토리를 담게 된다. 이런 과정에서 부모는 선생님과 아이와 소통하면서 아이의 잠재력이 무엇인지 알아갈 수 있다.

진정한 맞춤형 미술교육 시스템

아이들에게 미술을 가르치다 보면 아이들의 정서, 성향, 발달 특성이 보인다. 비슷한 듯 보여도 아이들은 모두 다른 특성과 기질을 가지고 있다. 같은 주제로 그림을 그려도 선, 색, 소재가 다르다. 그 모습을 지켜보면서 나는 무조건 아이들을 나의 방식으로 교육시켜야 한다는 고정관념과 편견을 떨쳐버렸다.

나는 미술교육을 전공했고 다양한 미술교육 이론을 접했다. 그러나 10년간 현장에서 아이들의 미술교육을 진행하면서 바라본 현실은 녹록지 않았다. 아이마다 가정환경이 다르고, 성향이 제각기 달라서 같은 미술교육을 하더라도 얻어지는 효과는 현저히 달랐기 때문이다. 제각기 다른 감성을 지낸 아이들에게 내가 해줄 수 있는 미술교육의 핵심은 맞춤형 미술교육이었다. 결국 아이가 무엇을 원하는지, 무엇을 하고 싶은지, 무엇을 그리고 싶은지를 알아야 표현이 자연스럽게 되었다. 아이가 교육에 맞추는 것이 아니라 교육이 아이에게 맞춰야 했다.

경남 어느 자그마한 소도시에서 300명 가까운 원생을 만들 수 있었던 노하우는 아이들 하나하나에 관심을 기울인 가운데 맞춤형 교육을 지향했기 때문이다.

맞춤이라고 해서 1:1로 아이가 하고 싶은 대로 그냥 해주는 방식이 아니다. 미술교육의 장점은 다양한 경험을 할 수 있다는 것이다. 하지만 가짓수만 많은 천편일률적인 경험보다는 아이에게 맞는 경험이어야 좋은 효과가 나타난다는 것을 알았다. 나는 다양한 정서, 성향, 감성이 묻어나는 아이들과 함께한 현장 경험을 바탕으로 유형과 패턴을 분석했다. 그 결과 아이에게 맞는 맞춤형 시스템을 도입할 수 있었다.

대부분 미술교육이라고 하면, 일반적으로 다양한 표현을 경험해보는 것에 중점을 두다가 더 나아가 적성과 맞아 진로가 결정되면 입시 미술로 흘러가는 형식이었다. 그러다 보니 대부분 아이에게 미술은 재능을 끄집어내는 데 도움을 주는 선까지만 진행된다.

그러나 이제 미술로 아이의 성향과 심리를 파악하여 몰입할 수 있는 환경을 만들어주고, 다양한 테마의 경험을 통해 통합적인 역량을 키워나가도록 돕는 미술교육이 자리 잡아가고 있다.

아이들 스스로 표현하게 만들어라

지금 우리 아이들은 융합과 통합교육의 공존 속에 살아가고 있다. 엄마들은 혼란스럽다. 우리 아이에게 통합교육이 맞는지 융합교육이 맞는지…. 예전과 다르게 너무 다양한 교육 속에서 살아가야 하는 현실이라 창의적으로 키워야 한다는 것은 알지만, 현실에 뒤처지지 않고 따라가기 위해서는 해야 할 게 너무 많다. 그러다 보니 예체능 교육을 지속적으로 하는 것이 사치라는 인식도 있다.

그러나 나는 미술교육 역할을 어느 한 부분으로 한정하고 싶지 않다. 미술교육은 타고난 재능을 끄집어내기도 하고, 그 재능을 발휘할 수 있도록 돕는 여러 가지 작용을 하기 때문이다.

"네 생각을 말해봐!"

"네 생각을 그림으로 그려봐!"

"네 안에 뭐가 들어 있을까?"

바로 이런 질문에 중점을 두고 교육하기 때문이다. 4차산업혁명기에 인재가 갖추어야 할 소양 중에 지식을 활용해내는 역량의 중요성이 커지고 있다. 본인의 의견을 가지고 지식을 통해 문제를

만들어 해결해나가는 인재들이 각광받고 있다.

우리나라의 교육은 1, 2차 산업혁명기에 좋은 근로자를 만들어내기 위한 교육이었다. 내가 추진하고자 하는 교육은 리더를 양성해내는 교육이다.

그렇다면, "대량생산체제에서 모두 리더가 될 수 있나요?"라는 질문의 답은 "아니다"이다. 그 시대의 리더는 남들보다 좋은 학벌에 들기 어려운 용어를 써가며 남들이 알아듣지도, 이해하지 못해도 무조건 따라오라고 하는 방식이었다.

4차 산업혁명기에는 조직의 형태가 유닉크한 1인 기업, 또는 2·3인 기업, 3·4인 기업이 늘어난다. 다 자기 재능과 소질을 발휘하며 살아가는 시대이기 때문이다.

그러려면, 이제 우리 아이들은 유년기부터 "나는 무엇을 할 줄 알아요. 어떤 문제를 해결할 줄 알아요."라고 본인 스스로 표현할 줄 알아야 한다.

우리나라의 교육은 주입식 교육에 맞추어져 있다. 주입식 교육이 무조건 나쁘다는 것이 아니라 전문가 쪽의 교육에서는 맞지만, 자기 것을 창의적으로 발명하고 자기 일을 유닉크한 것으로 풀어낼 사람들은 좋아서 빠져들어서 미쳐서 훈련으로 익숙해지고 자기만의 역량을 만들어내는 교육을 받아야 한다.

내 안에 무엇이 있는지 알아가고 표현해내는 교육으로 미술만큼 좋은 것이 없다. 이제 30대 엄마들은 세상이 이런 인재를 원한 다는 것을 알고 있기 때문에 우리 아이에게 맞는 교육을 찾고 싶어 한다.

아이들에게 맞는 교육 방법을 찾아야 한다

자신이 무엇을 원하고 잘하는지 알아내려면 다양한 경험을 해봐야 하는 것이 맞지만, 그것만으로는 수박 겉핥기식밖에 되지 않는다. 그래서 미술교육은 양보다 질로 승부해야 한다. 겉과 속이 다른 교육이 아니라 아이들이 진심으로 원하는 방법으로 소통해야 한다.

4차산업혁명기에 미술교육은 인재를 키워내는 방법이 될 수 있다. 미술 선생님과 더불어 스토리 선생님, 교육을 기획하는 나, 이렇게 세 명이 아이에게 붙는 맞춤형 구조인 이유는 단순히 미술을 잘 가르치기 위해서가 아니라 4차산업혁명 인재양성교육에 탁월한 시스템이기 때문이다.

놀랍게도 유럽이나 미국은 이런 교육 시스템을 20년부터 준비해왔다. 아이들은 어렸을 때부터 자연스럽게 스토리를 만들어 표현함으로써 자신의 지식과 세계를 구축하는 습관을 길러야 한다. 다만 아이들은 어휘력이 현저히 성인보다 떨어지므로 말보다는 그림으로 잡아주는 것이다.

소신을 가지고 너의 생각을 그려봐! 말해봐!

그래서 나는 미치게 달리고 뛰어왔다. 다양한 미술교육 프랜차이즈 가맹, 리더십 교육, 언어교육, 수학교육, 스토리텔링 연수, 성공하는 학원 세미나 교육 등 전국 방방곡곡을 다니며 다양하게 경험하고 미술교육에 적용해보았더니 아이들이 변하고 부모들이 변하기 시작했다.

'아이들이 주도성을 가지고 표현할 수 있는 미술교육에는 무엇이 필요할까?'

이 고민의 답은 아이들의 진정성을 담아내는 것이다. 미술교육을 넘어 비욘드 미술교육이 되는 것, 진정성을 가진 스킬을 표현하게 하는 것, 이것이 내가 쓰고자 하는 미래지향적 맞춤형 미술교육이다.

아이 스스로 마음과 머리를
디자인하게 하라

엄마들은 항상 자녀에게 바라는 희망사항이 있다. 건강한 몸과 마음을 가지길 바란다. 그리고 이왕이면 자기주도적이고 리더십 있는 아이로 자라나 좋은 직업을 가지고 다양한 관계를 만들어가며 행복한 삶을 살아가길 바란다.

나 역시 딸아이를 둔 엄마로, 아이가 그렇게 살아가기를 원하는 부모이기에 그 마음을 잘 알고 있다.

'특별한 나'로 자라는 아이들

나는 수업 시간 중간에 아이들에게 기습적인 미션을 준다. 자기 그림을 친구들 앞에서 소개하는 것이다. 그러면 부끄러워하는 아이들이 있다. 특히 맨 처음에 하는 아이는 몸을 배배 꼬면서 어려워한다. 그럴 때는 억지로 시키기보다는 기다려주면서 아이에게 준비할 충분한 시간을 준다.

리더십이 있다는 것은 그저 남들 앞에서 발표를 잘한다는 한 가지만 의미하지 않는다. 리더십이 있는 아이의 특징을 보면 기획력이 좋다. 기획력이란 번뜩이는 자기 생각을 지식과 잘 결합하여 전략을 짜고, 다양한 구성원들과 화합하여 문제를 해결하고, 그것을 실천에 옮기는 힘이다. 그런 다음 자기 생각을 설득력 있게 잘 전달하는 아이가 리더십 있는 아이라고 할 수 있다.

이런 리더십이 한순간에 생길 수는 없다. 조력자의 역할은 아이들에게 상당한 영향을 미친다. 아이들의 장점을 발견하기 위해 관찰하고, 그리고 구성하고 조합하기 위해 기다려주는 시간도 충분히 있어야 한다.

아이가 즐거워하는 교육은 언젠가 자기 것으로 되돌아온다. 미술교육으로 아이의 주도성을 끄집어내면 아이는 창의적 표현의 기초를 다지게 되고 12세가 되면서부터는 리더십을 발휘한다. 12세 이전에 꼭 표현을 잘하는 아이로 만들어야 하는 이유다.

나의 유년시절은 그리 풍족하지 못했다. 부모님의 잦은 불화로 매번 긴장감의 연속이었고, 그 가운데 나는 자신감을 잃어갔다. 그렇다 보니 사람들 앞에 서는 일은 항상 나를 긴장하게 만들

었다. 학교 발표시간이 되면 목소리는 떨리고 호흡은 가빠졌다. 그러면 아이들의 비웃음이 뒤따랐다. 친구들과 사귀는 법조차 몰라 어쩔 땐 따돌림을 당해 학교에 가기 싫은 적도 있었다.

그러나 나의 내면에는 항상 잘하고 싶고, 주목받고 싶고, 사랑받고 싶다는 욕구가 있었다. 나는 그것을 그림으로 표현했다.

그렇다. 나는 표현을 할 줄 모르는 아이였다. 하고 싶은 것도, 좋아하는 것도, 싫은 것도 다른 사람 눈치를 보느라 잘 드러내지 못했다. 그렇게 감정을 숨기며 살다 보니 나를 만나는 친구들도 나에 대해 몰랐던 것이다.

이런 심각한 상황은 아닐지라도 아이들 마음속에는 이런 비슷한 마음이 있다. 잘하고 싶은데 방법을 몰라서 마음을 숨긴다. 어떻게 자신의 감정, 원하는 것, 느끼는 바를 표현할 줄 몰라 학습하는 대로만 드러낸다.

학습만 하면 저절로 표현하는 방법을 알 것이라고 생각하면 큰 오산이다. 우리는 모두 사람을 만나고 사람을 통해 타협하고 협상하며 살아간다. 아이들도 마찬가지다. 학교, 학원, 놀이터 등등 온갖 장소에서 타인을 만나게 된다.

공부할 때에도, 친구들과 이야기할 때에도 자기 자신을 표현하는 방법을 알아야 한다. 그러나 우리 아이들은 자기 자신을 표현하는 방법보다 관계 속에서 타인의 눈치에 보는 데 익숙해져 간다. 제일 일순위는 엄마의 눈치이다. 엄마의 눈치에서 벗어나야만 아이만의 스토리가 주체적으로 만들어진다.

아이들은 발달사항에 차이가 있지만, 대략 나이 때에 맞춰 배우고 익히는 단계가 있다. 5세 때는 자율적인 이야기와 표현으로 창의적인 놀이를 만들며 탐색하고, 6세 때는 상상력을 키우는 활동을 하고, 7세 때는 머리로 생각을 그리는 활동이 중요하다. 8세 때는 키워드를 통해 그림을 표현하며, 9세 때는 다양한 공간표현 및 응용 표현능력을 키워야 한다. 10세 때에는 지식을 차용한 다양한 발상 전환이 필요하고, 11세 이후에는 문제해결능력을 키우는 과정으로 자기 생각을 그리고 말하는 주도적인 표현을 통하여 자기만의 성장 스토리를 만들 수 있도록 기획해야 한다.

아이들이 다양한 꿈을 그릴 수 있도록 우리는 응원해주어야 한다. 그래야 '특별한 나'로 자라나게 된다. 미술교육에 주도성을 입히면 결국 리더십으로 이어진다. 자기의 아이디어를 자부심으로 살아가는 아이로 만들어야 한다.

3장

아이가 느끼고
엄마가 감동하는 미술교육

아이마다 다른
잠재적인 가능성이 열린다

　　20대에 시작해서 10년 이상 미술교육에 종사하다 보니, 나름 교육 노하우가 생겼다. 다들 누구나 그럴 것이다. 10년 이상 전문 분야에서 한우물을 파다 보면, 학습으로 취득한 이론적인 형식과 매뉴얼이 있더라도 경험으로 얻어진 자기방식의 노하우를 만들어 사람들과 소통하고 지식을 전달하는 데 이용한다. 그러다 보면 입소문이 퍼져 성공하는 가게, 사업, 자리가 없는 인기학원, 유명한 강사라는 이름이 새겨진다.

　　예를 들자면, 대형 프랜차이즈가 아니더라도 자기만의 방법으로 메뉴를 만들어 정성을 다해 만들어 팔면 특색 있는 음식집이라는 소문이 나서 사람들이 찾는다. 일단 맛집이라고 소문이 나면 사람들은 인터넷 검색을 하든, 소개를 받든 그곳의 음식을 맛보고 싶어 한다. 또, 맛집을 여행하는 사람들은 자신만의 방식으로 맛집을 평가한다. 그런 사람이 추천하고 소개하는 식당이라면 여행객들에게 믿을 만한 정보라는 인식을 준다. 그러면 결국 어떤 시도를 해보지 못한 사람까지도 용기를 가지고 경험할 수 있게 하는 발판이 마련된다. 그리고 서로 소통하며 새로운 발전을 만들어간다. 바로 이것이 살아 있는 지식이다.

선진국 사람들은 지식이나 개념 용어들을 새롭게 만드는 것에 익숙해져 있다. 자기 것으로 브랜드를 만들며, 계속 연구하고 가치 있는 방향을 만들어간다.

반면 우리나라는 새롭게 만드는 것보다 따라 하는 것에 익숙해져 있는 것 같다. 그렇다 보니 유행이라고 하면 물에 잉크 떨어지듯이 번지다가 그 인기가 주춤하면 어떤 연구도 없이 다른 것으로 바뀌어버린다. 지금 우리나라 교육도 마찬가지다. 어떤 교육방식이 좋다고 매체에서 노출되면, 부모 마음은 움직일 수밖에 없다.

과거에는 그저 아이가 좋아해서, 혹은 어릴 때 미술공부를 해놓으면 좋다는 막연한 기대 때문에 어머니들이 부담없이 아이를 미술학원에 보냈다. 그러나 요즘 어머니들은 어떤 미술교육이 좋은지 정보를 얻기 원하고, 미술교육을 해서 어떤 교육적 효과를 볼 수 있을지 알고 싶어 한다.

그렇다 보니 그리기나 만들기 위주였던 미술교육이 이전에 비해 다양한 테마와 장르를 갖추고 창의성 영역을 다루고 있다.

책이나 미술교육 블로그 등을 통해 엄마표 미술을 시작한 엄마들을 찾아보는 것도 어렵지 않게 되었다. 서점에 가면 아이들이 쉽게 그림을 배울 수 있는 다양한 자료를 모아놓은 서적도 꽤 많이 늘었다.

이런 현상을 반영하듯, 많은 부모가 미술교육이 우리 아이들에게 주는 영향이 아주 중요하다는 것을 인식하고 있는 듯하다. 그 덕에 이전의 미술교육이 손 유희 활동으로만 여겨지는 프로그램 중점이었다면, 요즘 미술교육은 훨씬 더 다양해졌다.

나 역시 10년간의 사례와 경험을 통해 그 중요성을 누구보다 일찍 깨우쳤다. 그렇기 때문에 일반적인 미술교육 이론을 인용해 떠들어대는 말이 아닌 나의 경험과 이론을 바탕으로 한 살아 있는 지식을 아이들에게 적용할 수 있었고 미술의 교육적 성과가 얼마나 큰지 실감할 수 있었다.

남해 어느 작은 마을에서 대도시의 미술학원보다 큰 규모의 미술학원을 어떤 방식으로 운영하는지부터 알려주겠다. 이 글을 보고 나와 같은 방식으로 운영하는 교육원이 생겨날지도 모르고, 이렇게 운영하고 싶은데 방법을 몰랐던 교육 선생님에게도 도움이 될 것이다. 그리고 미술교육에 관심이 많은 부모에게 영양가 있는 지식을 전달하여 소신과 원칙을 가지고 아이에게 미술교육을 시키게 해주고 싶다.

앞에서 언급한 바와 같이 나는 맞춤형 미술교육을 지향한다. 그러기 위해서 아이들 개개인의 성향 및 장단점을 파악하여 아이에게 맞는 진도 방식을 찾아냈다. 그리고 부모와의 꾸준한 소통을 통해 아이가 자기 생각을 표현할 수 있는 인재로 성장해나가는 과정을 돕는 기획자이자 조력자 역할을 하고 있다.

교육원을 운영하면서 다양한 성향의 아이들을 보게 된다. 하나하나 다 다르지만, 그동안 운영해오면서 몇 가지 유형으로 나누어볼 수 있었다. 그 공통점과 차이점을 분석하여 수업을 진행하다 보니 아이들 하나하나의 개성을 살리는 교육으로 진화할 수 있었다.

미술이라는 영역은 표현영역에 속한다

'표현'의 사전적 개념은 생각이나 느낌 따위를 언어나 몸짓 따위의 형상으로 나타냄을 의미한다. 요즘 같은 현대사회에서 표현이 제대로 되지 않으면 원치 않는 오해를 사기도 하고 불통이 생기기 마련이다. 업무의 원활함은 표현이 밑받침되어야 하듯, 바른 인성을 갖추기 위해서는 유치원생 때부터 표현영역을 제대로 이해해야 한다.

그런 흐름을 반영하듯 학습영역도 이제는 주입식, 암기식, 기계식보다는 놀이 개념의 흥미로 진행되는 과정 중점의 서술형 형식으로 흘러가고 있다. 그 추세에 맞춰 미술교육도 생각을 유도하는 사고영역 교육방식으로 확장되어가고 있다.

나도 입을 다물고 그리는 방식에서 탈피하여 교사 중심이 아닌 아이들 중심으로 상황을 만들어가는 표현영역을 지향하고 있다. 그래서 구성주의 기초학습 모형을 기반으로 한 PBL 교육방식을 지향한다.

그러나 이런 교육방식으로 들어가기 이전에 아이들에게 기술적인 표현 방법도 알려주어야 한다는 것이 나의 지론이다. 표현방법을 말보다 그림으로 알려주니 아이들은 쉽게 받아들였고, 미술이라는 도구를 다양하게 해석하고 응용함으로써 다양한 결과를 도출할 수 있었다.

미술교육으로 아이들이 그림으로 표현하는 능력만 향상된 것이 아니다. 아이들의 다양한 특성과 성향을 토대로 맞춤형 교육을 하다 보니 기대하지 못했던, 혹은 기대 이상의 장점들이 따라왔다.

A라는 아이는 미술교육의 순수영역인 그림을 잘 그리는 아이로, B라는 아이는 그림을 통해 자기 생각을 말하는 아이로, C라는 아이는 재료의 특성을 파악해 새롭게 만드는 연구하는 아이로, D라는 아이는 입체적으로 해석하는 공간지각 능력을 통해 규칙성

을 반영하여 표현하는 설계하는 아이로, E라는 아이는 그림이라는 도구를 통해 다양한 방법을 습득하여 친구들이나 동생들에게 자기가 배운 것을 토대로 가르치는 아이로, F라는 아이는 스스로 주제를 만들어내어 기획하는 아이로, G라는 아이는 미술로 감정을 치유하는 아이로, H라는 아이는 자기 그림을 토대로 시나 글짓기를 하여 생각을 글로 표현하는 아이들로, 이렇게 아이들이 잘할 수 있는 영역들이 다양하게 강화되었다.

공통적으로 '미술'이라는 과목을 배우지만 받아들이는 것이 다르다 보니 아이마다 표현하는 방법이 다르게 드러났다.

아이들은 다 제각기 다양한 개성과 특성을 가지고 있다. 다만 아직 어려서 보이지 않을 뿐 모두 잠재적인 가능성을 가지고 있다. 미술교육을 통해 아이들은 자신의 잠재능력이 무엇인지 알게 된다.

"난 정말 괜찮은 아이구나! 이것도 해볼 만한 일이구나! 이런 방법도 있었구나! 이렇게 나만의 장점이 있구나!"

아이들 본인이 직접 느껴야 산 교육이다. 맞춤형 미술교육은 아이들의 잠재력을 깨우는 중요한 영역이다.

나만의 방식을
만들어나가는 방법

아무리 아이들의 특성에 맞는 맞춤형 미술교육을 지향할지라도 흔들리지 않는 큰 중심축이 필요하다. 그것은 큰 배경을 그리며 변화하는 아이들을 파악해야 한다는 것이다. 배를 타고 먼 길을 항해하려면 배의 중심이 방향을 잃을 때마다 잡아주는 돛이 필요하고, 길을 잘 이끌기 위해서는 좋은 선장이 있어야 하고, 바닷길을 잘 열어주는 등대가 있어야 목표인 지점에 도달할 수 있듯이, 개인별 맞춤형 교육을 하더라도 이리저리 흔들리다 길을 잃지 않도록 기본적인 철학하에 아이들을 움직여야 교육적 성과가 크다.

'바라본다(look)'에서 모든 것이 시작된다

나의 모든 교육과정은 '바라본다(look)'에 기초한다. 일단 모든 것을 샅샅이 눈으로 바라봐야 관찰력이 생기고 호기심이 발생하며, 하고 싶은 의욕과 의지가 생겨 관찰할 수 있게 된다.

그것은 아이들도 마찬가지이지만, 교사도 아이들을 바라봐야 아이들이 미술로 무엇을 하고 싶고 배우고 싶은지 파악할 수 있게 된다. 교사의 발문은 아이들과의 상호작용에 매우 중요하다.

'그림 읽기'를 통해 아이도 바라보고, 교사도 아이들을 바라본다. 그리고 서로 나눈 생각을 다시 그림으로 표현한다. '그림 읽기'야말로 아이들과 소통할 수 있는 매개체이며, 아이들을 무한한 상상의 세계로 이끈다.

그다음은 '놀다(play)'이다

놀이는 학습에서 아주 중요한 요소이다. 놀이는 아이들에게 흥미와 재미를 동시에 제공하는 요소이다. 그뿐만 아니라 규칙성과 자율성을 동시에 수반하여 균형 있게 발달하도록 하는 데 중요한 역할을 한다.

유아의 발달 특성을 보면 아이들은 몸이 뛰면 생각도 자연스럽게 움직인다. 주체적이고 자율적인 존재이기 때문에 놀이를 통해 생각을 움직이게 하면 자연스럽게 표현으로 이어지게 마련이다.

이런 놀이는 특히 5세, 6세 어린이들에게 아주 중요한 요소이다.

나는 미술의 표현영역을 더하여 단순히 활동 자체가 아닌, 활동으로 생각을 이어주는 연결 고리가 놀이라고 생각한다. 즉, '미술놀이'라고 본다.

유아기에는 나만의 놀이를 만들어 표현하는 것이 상상력의 원동력이 된다. 지식을 창의적으로 만들어낼 수 있는 중요한 요소가 미술놀이이다.

교구를 이용하거나 답이 정해져 있는 놀이를 하는 것보다 연상력을 발휘할 수 있는 놀이를 자유롭게 만들어보는 경험을 하는 것이 좋다. 친구들과 함께할 때는 새로운 규칙도 만들어본다. 특히 유아미술은 혼자서 할 때보다 여럿이 협동심을 발휘하여 할 때 더 훌륭한 놀이이자 학습이 된다.

그다음은 '말하다(speak)'이다

일반적으로 "그림으로 아이들이 어떻게 말을 하지?"라고 질문을 던지지만, 아이들은 말보다는 그림으로 자기 생각을 표현하고 그림으로 소통하는 것을 더 쉽게 느낀다.

그림은 언어이다. 그 그림들을 조각카드처럼 조각조각 붙여 연결해놓으면 어휘력이 향상되고 이야기가 만들어진다. 바로 그것이 자율적 스토리텔링 능력이다.

교육에 대한 요즘 어머님들의 화두가 바로 언어영역이다. 영어도 절대평가가 늘어나고 수학마저 생각하는 사고력 중점으로 바뀌면서 국어 교육이 점차 강화되고 있다.

초등학교 1학년부터 국어교육을 섬세하게 다루고, 논술, 스피치 등등 언어교육에 아주 많은 관심을 기울인다. 또 독서교육이 강화됨에 따라 부모들은 우리 아이가 다른 아이들에 비해 말을 잘했으면 좋겠고, 발표도 유창하게 잘하고, 학년이 올라가면 자기 생각을 도식화해 짜임새 있는 프레임을 구성해서 프리젠테이션 능력도 좋았으면 하고 바란다.

이렇게 언어력을 발달시키려면 그 어떤 언어교육 이전에 미술교육을 받는 것이 큰 도움이 된다. 아이들의 머릿속에 시각화 현상을 만들어주면, 언어력도 향상되기 때문이다. 힘들게 언어를 배우는 것보다 그림을 통해 자기 생각을 표현하는 즐거움을 느끼는 시간이 많을수록 오히려 더 좋은 효과를 볼 수 있다.

아이들은 그림을 통해 재미있는 이야기를 만들어내고, 자기 생각과 느낌을 말하고 표현함으로써 큰 성취감과 즐거움을 느낀다. 유창하게 말하기, 논리적으로 말하기를 가르치기 전에 표현하는 즐거움을 가르쳐야 하는 이유다.

그다음은 '표현(expression)'이다

아이들에게 자기 생각을 나만의 그림 읽기를 통해 바라보게 하여 관찰하게 하고, 그것을 놀이로 진행하여 놀이를 통해 얻어진 생각을 자기만의 색깔 있는 이야기로 만들게(주제 구성) 하여 그리게 하다 보면 눈과 손의 협응력이 점점 조화를 이루어 자신감이 생기기 마련이다.

모든 교육은 지속성을 전제하에 수반되어야 하고, 계속적인 패턴과 훈련 중간중간에는 넣어주어야 할 요소가 전제한다.

특히 초등학교 시기의 아이들에게는 조화로운 발달이 중요하다. 이때의 아이들은 감정 기복이 심하고, 이런 기복은 주요과목 학습에 영향을 미친다. 좋아하는 과목은 성적이 좋지만, 싫어하는 과목은 점수가 낮아지면서 점수 편차가 커진다.

눈이 높아져 있는데 행동(생각)이 잘 안 된다던지, 행동(생각)은 하고 있는데 생각은 자기 양에 미치지 못해 스트레스를 받아 한다. 따라서 눈과 손의 조화로운 협응력은 아이들 발달 과정에 중요한 영향을 끼칠뿐더러 자신을 표현할 수 있는 원동력이 되어 리더십을 키운다.

점점 학년이 올라갈수록 다양한 표현 기법과 스킬을 배우게 되면 자기 생각을 더 정교하게 섬세하게 다듬어서 기획력 있게 말할 수 있는 힘을 갖추게 된다.

그다음은 '창조(crative)'의 단계이다

배움에 있어서 나는 지식을 아주 중요하게 생각한다. 지식이 방대해지면서 경험과 창의적인 발상이 결합하면 남다른 생각과 아이디어가 나온다. 그러면 성인이 되어서도 상상하는 능력이 작아지지 않고 새로운 지식과 합쳐져 아이디어가 되고 혁신적인 제품이 탄생된다. 요즘 화두가 되는 드론, 3D프린터, 인공지능, 사물인터넷, 자율주행 등이 바로 그런 예이다.

우리 아이들에게 창의적인 발상력은 이제 필수요소가 되었고, 미래지향적인 아이로 거듭날 수 있는 차별화 요소가 되고 있다.

나는 아이들에게 미래적인 주제를 제시하여 창의적인 설계 아이디어를 내게 하고 시각적 마인드 맵핑을 기반으로 그림으로 표현하게 한다.

그런데 이 아이들의 기획그림을 보게 되면 정말 나부터 반성하지 않을 수 없게 된다. 아이들의 생각과 창의력은 많은 양의 학습에서 나오는 것이 아니라 아이들이 느끼고 경험하는 것에서 비롯된다는 것을 깨닫게 된다.

이 아이들은 문제의 주제를 만들고 함축하고 생략하는 과정들을 통해 비유와 상징으로 이끌어내어 그림으로 핵심 있게 전달하였다.

이런 교육 철학이 있었기에 맞춤형 미술교육이 가능했다. 아이들의 특성을 반영하여 연령에 따라 교육방법을 달리하고, 수평적인 관계에서 어우러졌다. 그러자 아이들은 각자의 잠재력을 발휘하며 다양한 영역에서 재능을 드러냄으로써 보답했다. 맞춤형 미술교육이 빛을 발하는 순간이었다.

내 아이에게 맞는 교육법은
어떻게 알아볼까?

나는 아이들을 만나기 전에 먼저 학부모 상담으로 아이들의 특징을 파악한다. 아이들과 함께 원에 와서 상담하기보다는 1차적으로 부모님과 상담한 후 아이들을 만나는 시스템이다.

부모와 10분 정도 이야기를 나누어보면서 아이가 미술에 어떤 감정이 있는지, 무엇을 원하는지, 부모가 원하는 목적이 아이와 같은지 등등의 사전정보를 기록해둔다.

60분의 테스트로 아이의 방향을 살피다

그다음 일정한 시간을 잡아 아이와 만나게 된다. 먼저 처음 만난 아이에게 무조건 그림을 그려보라고 레벨 테스트하듯 압박감을 주기보다는 가벼운 질문으로 아이에게 친근하게 다가간다. 그 사이 지도할 선생님은 아이에게 맞는 지도과정을 준비할 수 있고, 아이들은 학원에 대한 안정감이 있어야 자유롭게 생각그림을 펼칠 수 있기 때문이다.

그렇게 적응하는 시간을 가진 후 10~15분 남짓의 시간 동안 그림을 그리게 하고 1:1로 아이와 얼굴을 마주 보고 그림 읽기를 시작한다.

예진이라는 아이가 있다. 예진이 어머니는 상담 절차와 마찬가지로 나와 먼저 상담을 진행했다. 어머니는 아이가 항상 남는 시간이나 집에 있을 때 종이가 남아나질 않을 정도로 그림 그리기를 아주 좋아해서 학교 방가후 활동으로 미술을 보냈다고 한다. 그런데 미술이 재미있다며 좋아하던 예진이가 어느 순간 방가후 미술수업에 가지 않겠다고 선언했고, 예전과 다르게 그림을 한 장도 그리지 않는다고 한다.

이유인 즉, 선생님이 하기 싫은 주제를 그리라고 하고 자꾸 그림이 마음에 들지 않으면 수정하라고 하신단다. 점점 갈수록 그림 그리는 것이 지루해진 예진이는 스스로 그림을 못 그리는 아이라고 생각하게 되었단다.

예진이 어머니가 미술학원을 찾은 이유는 예진이가 다시 예전처럼 그림으로 자기 생각을 표현했으면 하는 것이었다. 그 좋아하

던 그림을 그리지 않고 자신에 대해 부정적으로 생각하게 된 예진이는 이제 남을 의식하고 자신에게 몰입하지 않다 보니 얼굴에서 행복한 표정이 사라지게 되었다.

지금 우리가 사는 사회에서는 '자존감'이라는 키워드가 중요한 요소로 자리 잡고 있다. 정신과 의사이자 자존감 트레이너 윤홍균 저자의 저서 〈자존감 수업〉을 보면 그가 스스로 치유하며 얻은 경험적 스토리로 현대인에게 보내는 메시지가 있다. 남을 의식하면 남보다 뒤처지는 순간 행복해질 수가 없다는 것, 그래서 남을 통해 만족할 수 있는 내가 아닌 나 스스로 만족할 수 있는 삶을 향해 걸어가야 한다는 것이다.

결국 예진이 엄마는 예진이의 자존감이 타인에 의해 낮아질까 봐 이런 말씀을 했을지도 모른다. 아이가 다시 즐겁게 자기표현을 하도록 만들어주고 싶은 마음이었다.

학부모 상담 후 나는 예진이를 만나게 되었다. 예진이의 그림을 가지고 아이의 눈높이에 맞추어 그림 읽기를 하는 순간 예진이는 환한 미소를 띠며 이렇게 말했다.

"선생님, 내가 이야기 하고픈 것을 마음대로 말해도 되나요?"

"응, 예진아! 조금 더 상상해도 되고, 이제 이곳은 예진이가 주제를 정해 스스로 지으면 되는 거야."

"정말요? 선생님이 그리기 주제를 주잖아요."

"아~ 우리 조금 다르게 생각해보자. 예진이가 준비되었을 때 선생님이 미션처럼 주제를 주지만, 지금은 예진이가 직접 너의 그림을 보고 주제를 만들어 구체적으로 한번 표현해볼까?"

"네, 좋아요. 선생님, 음, 이 동물은 여우구요. 이 아이는 미소라는 아이인데 산책을 하러 갔어요."

"그래, 그럼 산책 장소는 어디지?"

"음, 제가 저번에 갔던 산토끼 공원으로 할래요."

"산토끼 공원? 산토끼 공원은 어떻게 이루어져 있는지 말해줄래?"

"튤립 꽃도 많구요 나비들도 날아다녀요."

그 장면을 보고 있던 예진이 어머니는 예진이의 웃는 모습을 보고 흐뭇해했다.

어쩌면 예진이는 아직 미술로 표현하는 기술을 배우기보다는 그림으로 자기 생각을 표현하고 먼저 소통하기를 원했던 것인지 모른다. 예진이는 자기 그림 이야기를 보며 상상의 나래를 펼치며, 새롭게 구성하는 것을 즐겼다.

이렇게 이야기를 나누고 나면 나머지 시간은 여러 가지 재료를 이용하여 여우와 미소가 산토끼 공원을 산책하는 모습을 미술선생님과 다양한 기법으로 재미있게 그려나간다.

60분의 샘플 수업을 마친 예진이는 함박웃음을 지으며 집에 가서도 여우를 그려보겠다고 외치며 좋아했다.

소통과 공감으로 아이에게 필요한 맞춤형 플랜 제시

60분 샘플 수업을 통해 그동안 예진이가 왜 그림을 그리지 않겠다고 했는지, 예진이가 무엇을 필요로 하고 배우고 싶어 하는지를 파악했다. 그러면 나는 그 내용을 바탕으로 예진이만의 맞춤형 플랜을 제시하고 적절한 단계를 계획해 아이가 자신감 있게 표현할 수 있도록 아이의 마음을 읽으며 수업을 진행해나간다.

그 후 3개월차에 아이의 성향 및 장단점을 파악하여 한 번 더 아이에게 무엇이 필요한지 점검하고 아이가 즐거워할 상황을 만들어 즐겁게 표현할 수 있도록 지도한다. 매시간 아이의 그림들을 점검하면, 아이의 상태보다는 결과에 집중하기 때문에 매번 학부모에게 브리핑하기보다는 3개월 뒤 중간 과정을 아이의 그림을 제시하여 소통한다. 그리고 아이에 비추어 맞춤형 교육과정을 설명해드린다.

아이마다 과정이 9~12개월 사이를 두고 중간 과정 1번, 마무리 과정 1번, 총 2번 어머님께 브리핑을 하여 지속적인 소통으로 아이에게 더 필요한 점이 무엇인지 공유하고 교육 지속성을 유지하여 아이의 표현 자신감을 최대로 끌어올린다.

한 단계가 끝나면 아이의 프리스케치를 저장하여 10개월 뒤 어떤 점이 변화되었으며, 부족한 점이 무엇이며, 다음 단계에서 아이에게 어떤 것을 끌어줄 것인지를 다시 한 번 재점검한다.

지금 예진이는 어엿한 초등 고학년이 되어 자신감 있게 학교생활을 리드하며 여전히 그림을 좋아하는 아이로 자라나고 있다. 스스로의 행복을 그려나가고 있다.

연령별맞춤형미술교육으로
생각을 그리게하다

마치 주택을 짓기 이전에 설계도면을 그리는 것처럼, 아이와 마주 보고 아이를 파악하는 샘플 수업을 통해 각 연령별에 공통되는 기준으로 아이에 대한 설계 그림을 그리고 나면 창의적인 표현 수업을 진행한다.

난 적기교육을 강조한다. 창의적인 표현 방식에 어떤 편견을 가지지 않고 서스럼 없이 자기 생각을 그리고 말하고 표현하는 습관을 지니려면 5세부터 10세까지가 중요하다. 아이마다 다 다르겠지만, 내가 경험한 바로는 보편적인 미술교육의 적기는 이 시기라고 본다.

미술도 연령에 맞는 표현 방법을 터득해야 창의적인 표현이 가능하다. 창의적인 생각 표현은 한순간에 이루어지지 않는다. 사고력을 키우는 것도 단순사고, 병행사고, 복합사고 단계로 나아가며 훈련을 하듯이, 미술교육도 연령에 대한 단계를 밟아야 그다음 응용할 수 있고 자기의 것으로 만들 수 있는 습관이 생긴다.

보편적으로 미술교육을 받은 자녀의 학부모는 교육받은 기간만 생각한다. 이 대목에서 한 아이의 사례를 풀어서 설명하고자 한다.

5살에 우리 교육원에 들어온 은혁이는 어휘력이 아주 좋은 아이였다. 3남매 중 막내였고, 호기심이 풍부하고 대화를 좋아하고 지식을 탐구하고 습득하는 것을 좋아하며 사회성이 좋았다.

벌써 두 아이를 우리 교육원에 보내셨기 때문에 셋째 은혁이도 마찬가지로 유치원 방가후 에프터 교육으로 우리 교육원에 다니게 되었다.

5살 은혁이는 셋째로 자라다 보니 누나 형의 그림을 보고 자란 터라 자기는 늘 그림을 못 그린다고 생각했다. 그리고 막내로 자라서 형 누나 없는 곳에서는 늘 자기가 리더를 하고 싶어 했다. 어느 곳에서나 지기 싫어 하는 아이였기 때문에 교우관계에서 충돌이 잦았다.

미술교육을 통해 은혁이를 관찰하니 차분히 앉아 수업하는 그리는 활동보다는 뛰어놀고 자기감정을 발산하며 즐겁게 미술 시간을 즐기고 싶은 아이였다.

그리고 스트레스가 많은 아이였다. 유치원에서는 규칙성을 가지고 정해진 틀 안에서 움직여야 했고, 집에서는 형 누나 눈치를 봐야 했고, 엄마와 더 많이 함께하고 싶은 아이였는데 유치원을 마치면 학원에 가야 했다.

나는 종종 미술 시간임에도 은혁이를 놀이터로 데리고 나가 바닥 그림이나 꽃을 관찰하게 지도했다. 다른 아이들에 비해 감성을 많이 이해해주고 그림으로 더 많이 이야기할 수 있도록 시도했다.

이런 수업 방식 때문에 은혁이 어머니와 친구의 오해가 있었지만 은혁이가 미술학원에 너무 오고 싶어 했기 때문에 꾸준히 학원에 다녔다.

다행히 은혁이는 2학년이 되니 달라졌다. 명화를 키워드로 잡아 옴니버스형식으로 자기의 생각을 펼치면서 표현력 있는 그림을 그리기 시작했다. 미술을 못한다고 생각했던 아이가 자기만의 개성 있는 생각을 표현하면서 미술을 좋아하는 자신감 있는 아이로 자라나기 시작한 것이다.

그동안 미술로 집중력을 키우는 훈련을 하고 다양한 창의적 표현 기법을 터득한 덕에 다양하게 응용하는 모습을 보이며, 자기의 생각을 아주 표현력 있게 잘 표현하게 되었다.

그러자 어머니도 이제 만족하는 모습이었다. 일단 은혁이의 마인드가 변하는 모습을 보니 말이다.

그렇다. 아이마다 개성과 성향이 다르다 보니 주변의 환경에 따라 아이의 정서가 달라진다. 그러니 일반적인 틀, 즉 형식대로만 교육할 수는 없다.

나 역시 학부모들이 만족할 만한 그림 교육을 시행해보았지만, 결국은 아이들이 스스로 그려내지 못하는 상황이 오게 되었다. 그때 아이들에게 부끄러운 선생님은 되지 말자고 결심했다.

수학에서도 덧셈, 뺄셈, 곱하기, 나누기, 방정식, 함수, 미분, 적분, 순서대로 기초 단계를 뚫어야 그 중심이 흔들리지 않고 수학에 대한 자신감이 생기듯이, 미술교육 또한 무작정 많이 그리고 훈련하는 것이 능사가 아니라 아이만의 미술적 발달단계에 따라 단계를 차분히 밟아나가야 한다.

마침 외국의 교육과정 및 표현활동이 연령별로 어떻게 적용되었는지 자료를 보게 되었다. 나는 이런 자료들을 수집하여 분석하고 자기주도적 미술수업을 연령별에 맞게 구성했다. 그 내용은 다양한 경험과 창의적 활동을 통하여 우리나라의 제도에 맞게 접목하여 아이들의 성향과 발달단계에 맞추어 진행하면 아이들이 표현할 수 있는 자신감이 향상되고, 다른 학습에도 아주 좋은 영향을 미친다는 것이었다.

예를 들면 프랑스에서는 미술과목을 여러 과목에 응용한다.

한가지의 색으로 직선과 곡선을 통해 면을 채우고, 아이들의 결과물을 칠판에 붙여 다같이 그림을 살펴본다. 그리고 한 가지의 결과로 여러 가지를 말하게 한다.

그러면 아이들은 다양한 언어로 표현한다. 그것을 선생님은 칠판에 받아 적어 내려간다. 그리고 국어 수업으로 연결된다. 이것은 유연한 사고를 기르는 데 효과가 있다.

미술시간에 그린 얼굴이나 사물 그림으로 수학에서 대칭에 대해 공부하고, 역사수업에서는 예술사를 이용하여 역사의 한 시점에서 행해지던 예술과 예술가들에게 대해 함께 배운다.

과학시간에 시각에 대해 배울 때는 자신의 눈을 관찰, 묘사해 봄으로써 눈의 구조의 알게 된다.

연령별 미술교육 중점요소

- 5세 : 비주얼 리터러시 교육을 통해 눈의 협응력을 높인다. 미술을 하나의 놀이 습관으로 인식한다.
  = 프랑스 미술교육

- 6세 : 다양한 미술의 기법과 다양한 직선과 곡선의 표현과 상징화 능력을 통해 자유로운 스토리텔링으로 그림에 의미를 부여한다. = 프랑스 미술교육

- 7~8세 : 다양한 표현의 해석능력, 즉 상황 표현을 통해 자신감, 관찰력, 이해력, 독창성을 바탕으로 지식을 받아들이는 단계로 설정한다. = 미국식 미술교육

- 9~10세 : 다양한 경험을 통해 미술의 다양한 형식과 이론을 받아들이며 지식을 융합하여 입체적인 사고를 유도한다. = 영국식 미술교육

- 11세~13세 : 다양한 미술의 표현영역을 받아들이며 하나의 키워드를 통해 기획할 수 있는 아이로 거듭나며, 다양한 학문분야를 응용할 수 있는 창의적 문제해결능력을 기른다. = 핀란드식 미술교육

표현할 수 있는 자신감이
아이를 키운다

대부분 부모는 아이들을 교육시킬 때, 일반적이고 보편적인 단계보다는 우리 아이에게 맞는 교육을 찾는다. 우리 아이에게 맞는 선생님, 환경, 프로그램을 원한다.

삼사십대 부모들은 유년시절에 미술교육을 접해보긴 했지만 대부분 획일적인 교육을 받았다. 그래서 미술교육이 중요하다고 생각하지 않는다. 단지 일회성인 교육이라고 여긴다.

미래지향적 교육 키워드가 강조되면서 요즘 교육은 자기분야 계발, 진로적성에 맞는 직업, 아이가 관심 있어 하고 좋아하는 분야, 타고난 분야를 밀어주는 쪽으로 변화하고 있다. 이런 교육 흐름을 반영하듯 창의적 아이디어 교육에 관심이 쏟아지고 있다.

그중 제일 기초적으로 접할 수 있는 교육 중 하나가 미술교육이다. 2016년 사교육비 조사 결과를 보면 1인당 사교교육비 중 영수 과목은 줄어들고 예체능 교육비는 점점 높아지고 있는 추세를 반영하듯, 엄마들이 솔깃할 만한 다양한 미술교육 프로그램이 등장하고 있으며 아이에게 맞는 미술교육을 찾는 부모들의 의식 수준도 높아지고 있다.

자신감 있는 표현은 언제부터?

많은 학부모가 아이들에게 미술교육을 하는 이유는 아이가 창의적으로 생각하고 표현하는 방법을 익히기 바라서이다. 그러려면 형식에 얽매이는 것보다 아이가 그림을 통해 자기 생각을 많이 표현하게끔 자연스러운 상황에서 많이 노출을 시켜주어야 하며, 습관으로 자리잡게 해야 한다.

아이가 어떤 형식으로 그림을 받아들이기 시작하면 표현에 있어서 타인을 의식하기 때문에 제한이 있다. 그런 의식을 하기 이전인 5세 후반이나 6세부터는 아이가 그림으로 자기 언어를 자유롭게 전달할 수 있는 환경을 제공해야 한다.

굳이 미술학원에서 교육을 받지 않아도 가정에서 부모가 아이가 그린 그림으로 소통하는 시간을 가지고 인정해주면 아이는 표현의 자신감이 생긴다.

하지만 부모의 성향이 규칙적이고 제한적인 질문을 가지고 아이와 소통하며 그림과 자연스럽게 가까이할 수 없는 상황이라면, 미술학원에서 전문가의 도움을 받아 표현의 자신감을 키워주는 것이 좋다.

엄마표 미술이든, 미술학원에 가든 표현의 자신감은 반드시 길러줘야 한다. 표현할 수 있는 자신감은 아이들의 모든 영역에 거름과도 같은 역할을 하기 때문이다.

• 유치부의 맞춤형 미술교육은 무엇이 좋은가?

유치부대상으로 맞춤형 미술교육을 하는 이유는 다음과 같다.

1. 다양한 표현기법을 통해 생각하는 즐거움, 말하는 즐거움, 놀이하는 즐거움, 표현하는 즐거움을 가져다준다.

2. 비주얼 리터러시 교육으로 시작하는 아이들의 어휘력을 확장시켜주며, 이미지를 머리로 그릴 수 있는 생각이 사고력으로 이어진다. 눈과 그 생각으로 연결되는 다양한 손 유희 활동을 통해 눈과 손의 협응력 키울 수 있다.

3. 상상놀이를 통해 상상세계 만들기. 현실세계와 상상세계가 상호작용한다 → 상상친구들 그리기를 통해 구체적으로 상상하게 한다.

4. 자유로운 직선과 곡선 놀이로 아이들의 독창적인 생각을 확

장시킨다.

5. 관찰하는 눈을 통해 특징을 파악하는 습관을 들여 표현력을 키운다. 관찰하는 눈, 즉 관찰력은 한순간에 생기지 않는다. 유아기 아이들은 실물 사진을 관찰하거나 사물의 특징을 관찰하여 한순간에 그려내지 못하므로 상징화 단계를 거쳐서 관찰에 이를 수 있도록 지도해야 한다.

예를 들자면, 아이가 토끼를 그리려면 토끼를 다 그리지 않고 토끼 귀만 표현한다던지, 요리사를 그리면 요리사 모자를 그리고, 마법사를 그리려면 마법사의 지팡이만 표현한다. 이것이 상징화 표현이다.

6. 자기 그림으로 나만의 이야기를 만들다 보면, 표현의 자율성이 발달하여 스스로 답을 만들어내는 창작 활동으로 이어진다.

7. 그림으로 소통하면서 자기 감정을 다양하게 표현하는 방법을 알게 된다.

• 초등 저학년의 맞춤형 미술교육은 무엇이 좋은가?

1. 주제에 대한 핵심을 파악하여 몇 개의 키워드로 도출할 수 있는 능력이 생겨 이해력이 좋아진다.

2. 아이가 원하는 주제로 그림을 표현하기 때문에 몰입도가 좋

고 집중력을 키울 수 있다.

3. 아이의 성향에 맞는 다양한 표현 방법을 알려주면 다양하게 응용할 수 있는 도구로 미술을 활용할 수 있게 된다.

4. 그림을 통해 자기 생각과 느낀 점을 적극 표현함으로 아이들의 생각과 감성을 읽을 수 있게 된다.

5. 아이가 스스로 그림을 완성할 수 있도록, 성취감을 느낄 수 있는 다양한 경험과 활동으로 유창성을 심어준다.

6. 아이가 직접 만들어가는 미술 표현을 통해 편견과 선입견을 버리고 스스로 구성할 수 있는 사고구성능력을 키운다.

• 초등 고학년의 맞춤형 미술교육은 무엇이 좋은가?

1. 규칙성과 자율성의 조화로운 표현을 통해 아이가 학습의 즐거움을 알아가게 하며, 모든 활동 영역을 의욕과 의지로 스스로 표현할 수 있는 능력을 만들어준다.

2. 시각적 마인드 맵핑을 해봄으로써 아이디어 구상과 구체적 활동을 기획하는 능력을 발달시켜 프리젠테이션 능력을 활성화한다.

3. 입체적인 사고와 공간구성능력을 통해 다양한 지식과 경험을 융합하는 넓은 시야를 가지도록 마인드를 확장시킨다.

4. 스스로 문제를 해결하는 과정을 통해 자기 자신의 내면을

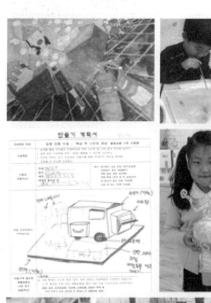

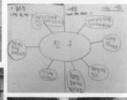

파악하고 긍정적인 생각을 가질 수 있도록 한다.

5. 아이가 자신이 성장하고 변화하는 과정을 그림을 통해 느낌
으로써 모든 학습 분야에 자신감을 가지도록 유도한다.

6. 그림에 숨겨진 생각과 함축기법을 배워가면서 재치 있는 아
이디어의 발상력을 키운다. 고학년이 되어서도 창의적인 생
각과 표현을 할 수 있는 자신감을 고취시킨다.

모든 아이에게 미술교육이 필요한 진짜 이유

부모들이 아이에게 미술교육을 하는 다양한 이유가 있지만, 유
치부든 저학년이든 고학년이든 아이들에게 미술은 정서발달에도
꼭 필요한 것이다.

부모들은 아이들이 행복한 생활을 했으면 한다. 삭막하고 딱
딱한 지식보다는 유연한 생각과 융통적인 사고를 하고, 자기의 감
정을 다양하게 표현하며 관계에 있어서 모가 나지 않고 두루두루
여러 사람에게 사랑받고 인정받길 바란다. 사회구성원으로 공동
체 역할을 잘하고, 그러면서 창의적인 표현력, 즉 센스 있는 감각
으로 자기 진로에서 자신감 있게 활동하는 따뜻한 아이로 자라기
를 원한다.

미술로 감성을 키워주면 아이는 인성이 바른 아이로 자란다.
사회생활을 하고 다양한 사람과 관계를 맺어본 부모들도 서열 1

등이나 힘으로 이기려는 사람보다는 포용해주고 따뜻한 감성이 있는 사람이 슬기롭게 이 험한 세상을 살아나간다는 것을 알고 있다. 미술교육은 아이가 따뜻하고 마음이 건강한 사람으로 성장하는 데 중요한 징검다리가 되어준다.

그림 속에 엄마 마음,
아이 마음이 있다

"원장님! 어쩜 부모인 저보다도 우리 아이에 대해 잘 파악하시고, 지도과정을 이렇게 펼칠 수 있나요? 혹시 점쟁이 아니세요? 너무 안심돼요. 원장님은 우리 아이를 믿고 맡길 수 있는 유일한 분이세요."

난 2명에서부터 시작하여 홈스쿨로 미술교육을 지도해왔다. 300명 가까이 원생을 모으고 같은 지역에서 분점까지 낼 수 있었던 것은 많은 시행착오를 겪으면서도 맞춤형 미술교육에 힘써왔기 때문이다.

맞춤형 미술교육은 아이들의 정서와 성향을 토대로 아이에게 맞는 프로그램으로 지도해야 하기 때문에 무엇보다 아이들을 면

밀히 관찰하는 것이 급선무이다. 그 때문에 나는 아이들과 수업 시간에 소통하는 것 이상으로 부모상담을 중요시 여긴다.

맞춤형 미술교육은 기본적인 철학을 토대로 아이들의 특성과 연령에 맞춘 교육 중점요소를 가지고, 아이들을 자신감 있는 창의적인 표현 활동으로 이끈다. 그리고 중간 과정과 마지막 과정에 아이의 변화과정을 느낄 수 있는 부모 상담 프로그램을 진행한다.

나는 어떤 교재도 사용하지 않는다. 오르지 아이들을 토대로 여러 가지 방식을 만든다. 그리고 평가하고 반성하며 새로운 도약을 만들어나가는 발전 상담으로 이어간다.

그러면 부모도 우리 아이를 다른 아이들과 비교해서 알게 되는 것이 아니라 집에서는 보지 못한 아이의 성장 과정을 알게 되면서 아이를 이해하고 제대로 볼 수 있는 시선을 갖게 된다.

난 상담을 통해 아이의 정서, 감성, 그리고 장단점을 토대로 아이에게 필요한 미술교육을 제시하고 아이를 기획해주는 맞춤형 컨설턴트 역할을 하게 되는 것이다.

10년의 경험이 이렇게 만들었을 뿐이지 나는 점쟁이가 아니다.

아이의 생각을 알 수 없어 불안한 부모

계절이 바뀌고 새로운 3월이 오면 병아리 같은 신입원생이 들어온다. 대부분 입소문 또는 원에 다니는 친구 엄마의 소개로 우리 교육원을 찾는다. 한 달이 되면, 상담부터 하길 원하는 부모님이 있다. 그 이유는 우리 아이에 대한 파악이 궁금하고, 아이의 심리 상태가 어떤지 이야기를 듣고 싶기 때문이다.

아이를 유심히 관찰하고 제대로 파악하기 위해서는 3개월이 필요하다. 그러면서 아이들의 성향, 발달특성, 눈과 손의 협응력 정도, 장단점, 관심사를 통하여 지도과정을 펼친다.

내가 부모상담을 하는 이유는 활동의 결과를 토대로 아이들의 지도 방안을 제안하고 보안하여 지속적인 교육을 토대로 발전 가능한 아이로 만들자는 취지인데, 일부 어머니들은 마치 내가 심리 전문 상담가인 듯 아이에 대한 나의 생각을 듣고 싶어 한다. 그러면 나는 아이를 성급히 판단해선 안 되므로 시간이 필요하다고 정중히 거절하고 내가 상담을 진행하는 목적과 취지를 말씀드린다.

그러면 성격이 급한 성향의 부모님들은 불쾌감을 드러내며 아이들을 보내지 않고, 일반 미술학원과 뭐가 다르냐며 발길을 돌린다.

나는 매우 당혹스러웠다. 부모님들을 이해할 수 없었다. 어느덧 시간이 흘러 내가 아이를 낳고 엄마가 되어보니 그 감정을 받아들일 수 있게 되었다.

상담을 제안한 부모는 아이를 키우기 너무 힘들었던 것이다. 기관에서는 우리 아이를 부정적으로 받아들이고 아이도 잘 적응 못

할뿐더러, 본인 또한 아이를 감당하기 힘든 시기가 있다. 내 자식에 대해 엄마로서 파악이 안 되니 도움이라도 받고 싶은데 대중적인 매체에서 미술심리를 떠들어대니 일반적인 아이들에게도 적용 가능한 것으로 여기고 지푸라기를 잡는 심정으로 나를 찾아온 것이다. 그런데 내가 상담 요청을 거절했으니 심정이 상할 만했다.

그 후 나는 아이가 들어온 지 한 달 차에는 전화 상담으로 아이의 적응도나 고민, 지도하는 단계 과정을 설명한다. 또 그때 부모의 니즈를 파악하여 메모해두었다가 3개월차가 되면 우리 아이만의 발전 상담을 토대로 아이의 문제를 극복할 수 있는 방안을 함께 그려나가고 있다.

내가 김해 진영이라는 이 지역에서 소문난 원장으로 거듭날 수 있었던 이유가 있다. 아이들에게 미술적 특별한 스킬을 지도하는 프라이버시가 강한 원장으로? 아니다. 아이들 하나하나를 있는 그대로 바라봐 주며, 따뜻한 감성으로 아이와 소통하여 끌어준다는 점 때문에 입소문으로 바람을 불러일으킬 수 있었다.

아이들은 그릇과 같은 존재다

이렇게 꾸준히 발전상담을 토대로 이끌다 보니 아이들이 변화하는 것을 느끼게 된다. 아이들의 마음가짐이 바뀌고, 부모는 아이들을 긍정적으로 바라보고 신뢰를 보낸다. 그리고 미술교육은 일회성이 아니라 지속적으로 꾸려가야 한다는 것을 깨닫는다.

나 역시 깨달은 바가 있다. 아이들은 그릇과 같은 존재라는 것이다. 어떻게 부모와 조력자가 만들어주느냐에 따라 그릇의 크기는 다 다르다는 것을 느끼게 된다.

아이들은 저마다 다 좋은 재능을 가지고 자라난다

발전 상담을 통해 오히려 내가 아이들에게 많은 도움을 받고 있다. 아이들에게 자신감 있는 표현을 유도하지만, 그러기 위해서는 교사의 자신감도 분명히 피드백이 되어야 한다. 상담은 내가 아이들에게 제대로 맞춤형 교육을 시행하고 있는지에 대한 평가 수단이 될 수 있다.

교사는 끊임없이 아이들 교육이 잘 진행되고 있는지 반성하고 점검해야만 다음 과정을 그려나갈 때 새로운 플랜을 만들어나갈 수 있다.

그러다 보니 우리 교육원에 다닌 지 5년 정도 된 아이들을 보면 놀랄 때가 많다. 아이들이 각자에게 맞는 분야를 알아가고 스스로 진로를 개척해나가는 데 미술이 얼마나 큰 도움이 되는지 눈으로 볼 수 있기 때문이다. 이론이 실제가 하나되는 순간을 보는 기쁨은 이루 말할 수 없다.

4장

리움의 아이들은
다르다

표현할 수 있는 자신감을 키우는 맞춤형 미술교육

6세 정도가 되면, 아이가 표현하고자 하는 욕구가 드러난다. 그때가 아이에게 표현의 자신감을 심어주어야 하는 적기이다.

"엄마! 나 친구가 그림을 못 그린대!"

"아빠! 고래 그려줘! 난 못 그려."

"생각이 안 나! 어떻게 그려요?"

"난 고래만 그릴 줄 알아."

주변의 이야기 때문이거나 눈치를 보다가 아이가 의기소침해진다. 이럴 때 표현할 수 있는 자신감을 심어주면, 학습이나 친구들과의 관계에 많은 도움이 된다. 아이들은 '그림=자신감'이라는 생각을 가지게 된다.

우리 교육원에 처음 들어온 아이들은 그림을 통해 자신감을 표현하는 방법부터 알아간다. 아이들의 테스트 그림을 파악하여 자신감 있는 표현부터 먼저 끌어내도록 진행한다.

바닷속만 그리는 아이

7살 성완이는 매일 바닷속 풍경만 그렸다. 그러다 보니 성완이의 그림에는 미역, 불가사리, 고래가 항상 등장한다. 다른 것을 그려보라고 유도해도 아이는 못 그린다고 자신 없어 했다. 오직 자기가 좋아하는 그림만 그렸다.

성완이 엄마는 이제 초등학교에 들어가야 하는데 아이가 매일 바닷속 고래만 그린다고 걱정했다. 나는 성완이를 자세히 관찰해 보았다. 바다밖에 모르는 아이라고 했는데 알고 보니 성완이는 책을 좋아했다. 그것도 관찰그림책을…. 아이는 책을 통해 지식을 습득하는 것을 좋아 했다.

지금은 관심이 바다에 국한되어 있어 바닷속만 그리지만 성완이의 그림에는 수많은 지식이 숨겨져 있었다. 다 같은 고래 같지만 범고래, 흰수염고래 등 종류가 달랐고, 그 특징이 그림마다 잘 표현되어 있었다. 다만 성완이는 관심이 없는 대상을 그리는 것에는 자신 없어 했다. 왜냐하면 자신이 충분히 안다고 생각할 만큼 깊이 관찰하지 못했기 때문이다.

나는 성완이의 이성적인 그림을 감성적인 그림으로 바꾸어보기로 했다. 바로 그림에 상상력을 불어넣는 방법이다.

"성완아! 고래가 말이야, 바닷속에서 너무 오래오래 살아서 다른 세상을 구경하고 싶지 않을까?"

"에이, 선생님. 고래가 어떻게 사람처럼 생각해요. 그런 생각을 아예 할 수가 없어요. 0퍼센트라구요."

"에이, 성완이가 모르는가 보다. 책은 어떤 지식을 알려주고 정보를 줄 수 있지만 이야기를 담기도 하잖아. 성완이의 그림도 새롭게 탄생한 거잖아. 그래서 이야기를 상상해서 만들어도 되는 거야. 성완이가 좋아하는 관찰책도 새롭게 만들면 재미있는 생각을 만들어낼 수 있다?"

"음… 만약에 고래가 바닷속에 오래 살아서 다른 세상을 구경한다면, 아쿠아리움에 가보고 싶을 것 같아요. 아쿠아리움은 실내 수족관이라서 고래 친구들을 탈출시켜 큰 바다를 보여주고 싶어요."

"아쿠아리움은 어디 있니?"

"부산에 있어요."

"그럼 고래는 아쿠아리움에 어떻게 갈까?"

"음, 고래가 사는 마을에 마법을 뿌리는 박사가 있는데, 그 박사가 고래에게 이 약을 먹고 한숨 자면 사람으로 변한다고 알려줬어요. 아쿠아리움에 고래가 등장하면 사람들이 놀랄지 모르잖아요. 그래서 변신을 해야 해요. 크크크."

"하하하! 너무 재미있다. 그럼 고래가 사람으로 변하면 어떤 사람일지 그려볼까?"

"네, 좋아요."

성완이는 사람으로 변한 고래를 그리게 되었다. 성완이의 그림에 아쿠아리움에 타고 갈 배와 택시가 등장하고 바다 친구들을 구출하기 위한 도구를 구하는 장면이 완성되었다. 아쿠아리움의 도시풍경이 배경이었다. 한 가지 주제에 국한되어 비슷한 그림만 그렸던 성완이가 변한 것이다.

그 후 성완이는 아빠가 타고 갈 자동차도 그리고, 아빠와 낚시하는 장면도 그렸다. 바닷속 고래만 그리던 아이가 이렇게 다양하게 표현할 수 있는 자신감을 얻은 것이다. 이제 성완이는 외출하거나 캠핑에 가서도 다양한 소재와 상황을 그림으로 그린다.

요즘은 성완이는 새에 관심이 많다. 새에 관련한 관찰책을 많이 읽는다. 하지만 성완이가 바뀐 점은 좋아하는 새만 그리는 것이 아니라 이제 새를 이용하여 다양한 주변의 모습을 표현하게 되었다는 점이다.

표현의 다양성은 아이들의 시야를 넓히는 안목이 되고, 편식보

매일 바다 풍경만 그리던 성완이
그림 읽기를 통해 성완이만의
생각을 발견하기 시작했다.

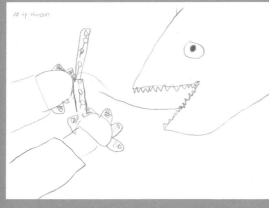

상상력을 불어넣어
성완이만의 이야기를
만들어갔다.

고래만 그리던 성완이가
사람으로 변한 고래를
그리게 되었다

감성적 상호작용을 해주었더니 관계된 여러 가지 소재와
상황들이 그림에 나타났다.

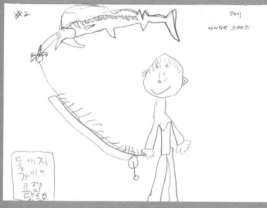

이제 성완이는 시야를 넓혀 자신이 그리고 싶은 주제뿐 아니라
다양한 주변의 모습까지 표현한다.

다는 골고루 영양가 있게 표현하는 방법은 자신감으로 이어진다.

사람 그리기가 싫어요

미술이라고 하면 사람 그리기를 빼놓을 수가 없다. 상담을 해보면 어머님 90% 이상이 "우리 아이는 사람을 못 그려요."라고 말한다. 그래서 우리 아이는 미술에 자신이 없단다. 사람을 못 그린다고 해서 미술을 못하는 건 아니다. 어린아이들이 사람을 잘 못 그리는 가장 큰 이유는 그냥 사람에 관심이 없어서이다. 남자아이들이 대부분 이런 경우가 많은데, 여자아이가 이런 경우도 있다.

6살인 서정이는 김해에서 40분 가량 떨어진 곳에서 우리 학원에 다녔다. 아이는 미술 오는 날을 손꼽아 기다릴 정도로 학원에 오는 것을 좋아했다. 서정이는 동물 그리기를 좋아하고, 여자아이의 성향을 반영한 아주 아기자기한 그림을 그렸다. 꾸미기, 색감, 새로운 미술재료에 관심이 많았고, 캐릭터 그리기를 좋아했다. 벌써 자기만의 그림체가 드러날 정도로 개성이 강했다.

그런데 어느 날 사람이 들어간 그림일기를 그려보자고 했더니 대뜸 사람 그리기가 너무 힘들고 재미가 없다고 한다. 그 이후부터 사람이 들어간 생활화 관련한 그림은 아예 그리지 않으려 했다. 서정이에게 그 이유를 물어보니, 사람 그리는 것이 재미없고 자신 없다고 한다. 왜 그렇게 생각하게 된 건지 자세히 이야기를 들어보니 유치원 방가후 미술수업에서 자꾸 사람 그리는 연습만 해서 너무 싫었고, 그 탓에 '나는 그림을 못 그려'라고 자기 자신을 판단해버린 것이다.

"우리 서정이가 그림을 못 그리면 어떻게 꾸미기도 잘하고, 색칠도 예쁘게 하고, 만들기도 재미있어 할까? 캐릭터도 이렇게 잘 그리는데 그림을 못 그린다고 하면 어떡하지? 선생님이 생각하기에 서정이는 단지 사람을 그리기 힘든 것뿐이야. 서정아, 선생님만 믿고 따라와 봐. 그럼 분명히 변할 거야. 딱 3장만 그려보는 거야. 알겠지?"

서정이는 아직 표현 스킬을 배우길 원치 않고 자유롭게 표현하기를 원했는데, 사람을 그리기 위해 비례와 동세를 배우고 계속 반복 연습하다 보니 그림에 흥미를 잃었던 것이다. 거기다 얼굴은 크고 몸통은 작게 그리는 습관을 고치겠다고 유치원 방가후 미술수업까지 들으며 지적을 받다 보니 더 지쳐버린 것이다.

대부분 아이들이 사람 그리기를 할 적에 교재를 보고 크로키하거나 사람 모델을 보고 그리거나 할핀으로 사람 관절 인형을 만들어 따라 그리는 연습을 한다. 그런데 서정이는 초등학교 1학년이 되어도 학습적으로 그림을 배우기보다는 자기 생각대로 자유롭게 표현하고 싶은 욕구가 강했다.

서정이의 욕구가 무엇인지 파악한 나는 사람 전체를 그리는 것보다 부분을 그리는 것에 중점을 두었다. 그리고 비유와 상징을 통해 사람 얼굴, 발, 옷, 손을 재미있게 표현할 수 있도록 유도했다. 예를 들어 눈이 마치 나뭇잎 모양 같다고 생각되면 나뭇잎을 그리고, 안에 개미 똥만큼 작은 동그라미를 그리면 눈이 완성된다.

그렇게 부분 그리기를 유도하여 장면에 나오는 액자 안에 엄마 얼굴을 그리게 한다던지, 배경에 사람을 등장시킬 수 있는 요소를 만들어 자연스럽게 사람을 그리도록 진행했다. 그랬더니 어느새 주인공이 사람으로 표현하는 자신감이 생겼다. 이제는 학교에서든 집에서든 사람을 그리는 것에 거부감 없이 자신감 있게 표현하고 있다.

친구들이 나보고 그림을 못 그린대요

민정이 엄마는 급식 모니터 요원으로 한 번씩 학교에 방문한다. 어느 날 딸아이의 교실이 궁금해서 교실을 찾았고, 민정이의 사물함이 보이길래 정리정돈이 잘 되어 있는지 보려고 사물함을 열었다가 구겨진 채 방치된 민정이의 그림을 보게 된다.

아마도 학교에서 그리기 수업을 했는데 제출하지 않고 사물함으로 직행했나 보다. 민정이에게 물어보니 "친구들이 나보고 그림을 못 그린대요. 너무 속상했어요. 그래서 부끄러워서 선생님에게

서정이의 6세 때 그림

서정이의 7세 때 그림

뒷모습 그리기를 통해
사람의 부분 그리기가
되도록 유도하였다.

배경에 사람을 등장시킬 수 있는
요소를 만들어 자연스럽게
사람이 그려지도록 하였다.

휴대폰 속 화면에 기존에 그렸던
장면을 활용하여 사진으로
오려 붙이게 하였더니
서정이가 사람을 그릴 때 느끼는
거부감이 줄어들었다.

사람을 그리는 것에 자신감이 붙자 서정이만의 자유로운 그림이 되살아나기 시작했다.

다양한 재료를 사용하여 표현의 즐거움을 깨닫는 서정이

제출하지 못했어요."라고 했다.

그런 민정이게는 그림을 잘 그리지 못해도 일단 자유롭게 표현할 수 있는 즐거움을 느끼게 해주는 것이 급선무였다.

나는 민정이가 다양한 재료를 사용하도록 했다. 미술 재료들은 다 특색이 있는데, 어떤 재료를 쓰느냐에 따라 간단한 선 긋기나 색칠만으로도 극적인 효과가 나타난다. 민정이가 다양한 재료 사용하여 직선과 곡선을 이용한 자유로운 드로잉을 통해 표현한다는 것 자체에 의미를 부여하도록 용기을 북돋아 주었다.

그리고 마지막으로 그림을 상징화하는 능력을 아이에게 심어주었다. 마법사를 그리는 장면에서 지팡이만 그려도 마법사가 표현되고, 요리사를 자세히 그리지 않아도 요리사 모자만 표현해도 요리사로 전달되는 것처럼 상징화를 통해 어렵게 복잡하게 그리지 않아도 표현할 수 있다는 것을 깨닫게 해주었다. 표현의 자신감이 생긴 민정이는 더는 친구들 앞에서도 주저하지 않고 당당하게 그림을 그린다.

선생님, 저 못 그렸죠?

재민이는 그림만 그리면 "엄마, 나 못 그렸죠? 선생님, 저 못 그렸죠?"라고 습관처럼 물어보는 아이였다.

"아니야. 재민이는 잘해!"라고 부모님이 아무리 말해도 소용이 없었다. 사실 진짜 그림을 못 그리면 모르겠지만, 어느 정도 잘 그리는 아이가 부정적인 생각을 가지고 자신을 낮게 평가하면 바라보는 부모의 마음은 애가 탄다. 시급한 건 재민의 마음을 전환하는 것이었다.

나는 재민이에게 또래 아이들의 그림표현을 보여주며 스스로 비교 분석하도록 했다. 재민이가 결코 못 그린 것이 아니라 혼자 그렇게 생각한 거라며, 결코 너는 그림을 못 그리는 아이가 아니라는 확신을 심어주었다. 구체적인 설명으로 아이가 자신을 낮추지 않고 제대로 바라보는 눈을 가지도록 해주었다.

재민이가 관심 있어 하는 분야에 대한 이미지 교육을 하여 다양하게 표현할 수 있도록 유도했다. 그러자 자기를 표현해낸 결과물을 확인받으려 할 때 항상 자기를 낮추었던 부정적인 표현이 금세 사라졌다. 그리고 남의 눈을 의식하지 않고 그림에 몰입할 수 있는 환경이 만들어지자 재민이의 그림 실력은 월등히 향상되었다.

그리는 속도가 느려서 학교에 남아요

"선생님! 우리 지환이는 매번 미술시간만 되면 학교에서 남아서 그려요. 이를 어떻게 하면 좋죠?"

지환이는 관찰력이 풍부한 아이다. 어떤 주제를 주면 자신이 아는 모든 부분을 그려야 직성이 풀리는 아이였다. 밑그림은 아주

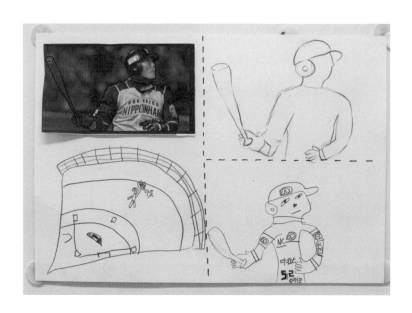

디테일하게 잘 표현되지만, 채색 및 완성이 문제였다. 시간이 부족하다 보니 매번 미완성이었고, 그럴 때마다 남아서 그리고 가게 되었다.

지환이는 사실 누구보다 그림 그리기를 좋아하는 아이였다. 자유롭게 그림 그리는 것을 좋아했고, 누가 시키지 않아도 흥미 있는 것이 있으면 바로 그림으로 그렸다. 좋아하는 공룡을 그릴 때면 3시간 내내 방에서 나오지 않는다고 했다.

하지만 지환이의 상상세계에서는 그림이 즐거운 매개체이지만, 학교나 현실세계에서는 그렇지 않았다. 더군다나 지환이의 모든 생활습관, 공부 습관 또한 비슷한 방식으로 흘러가고 있다.

이런 아이에게는 먼저 무엇이 중요하고, 중요하지 않은지를 파악하는 능력이 필요하다. 즉 주제에 대한 핵심을 먼저 파악하도록 해주어야 한다. 예를 들어 봄이라는 주제로 그림을 그려야 한다면, 봄에 관련된 핵심 3~4가지를 머릿속에 떠올려서 메모하는 것이다.

봄 = 유채꽃, 소풍, 사진, 새싹

이렇게 키워드가 나오면 키워드를 중심으로 그림을 표현한다. 육하원칙에 따라 이야기를 지어도 상관없다.

지환 가족이 봄소풍으로 창녕 남지 유채꽃밭에 갔다가 사진을 찍었다고 하자. 그러면 아이는 사진을 찍는 장면을 함축해서 그릴 것이고, 부주제는 유채꽃밭을 그리게 된다. 그리고 색칠 스케치북을 이용하여 8절 도화지에 면을 채우는 방식을 알려주어, 아이가 자신감 있게 표현할 구체적인 방법들을 알려주었다.

이 사례들에서 보았듯이 아이들에게 표현할 수 있는 자신감을 심어주는 방법은 무조건 많이 그리게 하고 활동 위주의 기계적인 훈련을 하게 하는 것이 아니라 우리 아이에게 적합한 방법을 찾아 조력자의 역할을 해주는 것이다. 도움은 주지만 결국 깨닫고 실행하는 것은 아이들의 몫이고, 스스로 해냈다는 성취감이 곧 자신감으로 연결되는 것이다.

어휘력을 키우는
맞춤형 미술교육

맞춤형 미술교육의 두 번째 효과는 아이의 어휘가 풍부해지며, 그림으로 이야기를 만드는 활동으로 말하는 능력, 즉 어휘력이 향상된다는 것이다.

그림으로 자기 생각을 떠올리며 표현하는 것은, 정해지지 않은 답을 스스로 만들어보는 것은, 아이들에게 특별한 경험이 된다.

그림으로 자기의 생각을 말하는 것, 이야기를 만들어내는 활동은 아이의 성향에 따라 쉬울 수도, 어려운 과제로 받아들여질 수도 있다. 하지만 아이들의 성향을 관찰한 교사가 자연스러운 상황을 유도하면, 아이들은 금세 재잘재잘 이야기꽃을 피운다.

하지만 우리 미술학원에 다니는 모든 아이가 어휘력이 좋은 것은 아니다. 모든 교육에서 교육의 효과로 열매를 맺으려면 교육의 지속성이 필요하다. 특히 어휘력은 한순간에 얻어지는 것이 아니다. 어휘에 타고난 재능을 가진 아이가 아니라면 반드시 연령에 맞는 적합한 교육을 토대로 지속해나가야만 미술을 통해 어휘력이 향상되는 결과를 얻을 수 있었다.

그림 잘 그리는 아이가 말 잘하는 아이로

6살에 우리 학원에 들어온 승제는 지금 어엿한 초등학교 6학년이다. 승제는 전교학생부회장을 거쳐 전교학생회장이 되었다.

전교학생회장이라면 우선 사람들 앞에서 자기 생각을 조리 있게 잘 발표할 수 있어야 한다. 그리고 학교 대표로 수행해야 할 일이 많다 보니 리더십은 물론 책임감도 있어야 한다.

사실 승제는 7년 전만 해도 이렇게 말도 잘하고, 표현력 있고, 창의적인 아이가 아니었다. 승제가 학원에 나온 첫날을 아직도 잊을 수 없다. 승제는 항상 학원에 오면 얼음처럼 얼고 표정이 긴장되어 있었다.

남자친구들 사이에서도 돋보이지 않고 늘 가려져 있었고, 발음이 부정확하여 길게 말하는 것을 부끄러워했다. 친구들이 승제를 주목하여 바라보는 것 자체를 부담스러워 했고, 그러다 보니 매사에 자신감이 부족했다. 그래도 비교적 선생님의 지도를 잘 받아들

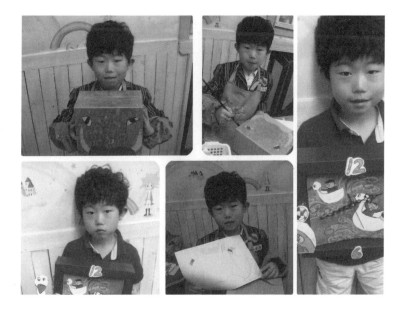

이고 수업에는 잘 따랐지만, 자율적으로 창의적인 생각이나 활동을 유도할 적에는 다루기 어려운 면이 있었다.

일반적인 학습학원이나 학교생활에서는 FM적인 아이라 바른 아이로 비칠 수 있지만, 나는 승제를 존재감 있는 아이로 만들고 싶었다. 작은 목소리, 바른 그림만 그리는 눈물 많고 소심한 여린 아이도 맞춤형 미술교육만으로 충분히 변화할 수 있다는 것을 보여주고 싶었다.

6살 시기에는 답이 정해져 있는 주제 그림을 그리는 것보다, 승제 스스로가 답을 만들어내도록 유도했다. 연상놀이를 통해 다양하게 모양들을 제시하고 모양에서 연상되는 그림을 그려서 나에게 소개하는 방식으로 수업을 이어갔다.

3개월이 지나자, 승제가 먼저 집에서 다양한 카드를 만들어와 나에게 자기 그림을 설명해주었다. 이후에는 승제가 하나씩 집에서나 학원에서 연상그림을 그려 친구들에게 소개해주는 방식으로 수업으로 발전시켜나갔다.

그때 난 아이에게 많은 칭찬으로 동기부여를 했다. 차츰 아이는 자신감이 생기면서 그림을 그리는 즐거움뿐만 아니라 목소리가 커지면서 말하는 즐거움을 알아가기 시작했다. 그림을 그리기 위해 시작한 연상놀이는 아이가 창의적으로 생각하는 데 도움이 되었다.

우리 교육원에는 스토리텔링 선생님이 있다. 다른 학원은 대부분 미술 선생님만으로 구성되지만 나는 아이들의 언어 표현력을 세심하게 잡아주기 위해 스토리텔링 선생님과 함께하고 있다.

승제는 항상 그림을 그리기 전에 주제에 대해 상상해서 이야기를 만들어보고 어떻게 표현할지 이야기를 나누었다. 그리고 그림을 그리고 난 후 자기 생각과 느낌이 어떻게 표현되었는지, 그림을 그리면서 원래의 생각에서 어떻게 바뀌었는지 등을 말하거나 글로 적었다. 즉, 스토리를 그리고 말하는 활동을 통해 자기 생각을 확장해나가는 것이다.

다양한 어휘로 표현하는 연습을 했더니 승제는 남자아이임에도 또래 여자아이들보다 조리있게 말을 잘하게 되었다. 내성적, 소극적이었던 성향도 바뀌어 활동적인 재미있는 아이로 변해 존재감이 있는 아이가 된 것이다.

승제는 어느새 학교에서 유머러스한 아이가 되더니, 5학년이 되어 전교부회장 선거 준비를 할 때는 본인이 피켓을 디자인하고 연설문도 스스로 작성했다. 그 결과 당당히 전교부회장이 된 것은 물론, 이때의 경험을 밑거름 삼아 6학년 때에는 전교회장이 되었다.

대부분 초등학교 선거는 어른의 도움으로 준비하는 사례가 많은데 승제가 스스로 다 준비하는 모습을 보고 승제 부모님도 깜짝

놀랐다고 하셨다.

나는 딸의 입학식이 있어 학교 강당에 갔다가 학년 대표인 승제가 신입생 환영사를 하는 것을 들을 기회가 있었다. 많은 아이 앞에서도 정확한 발음으로 당당히 연설하는 승제의 모습을 보니 너무 대견스러웠다.

승제는 할머니 생신을 맞아 할머니 초상화를 그려서 편지글과 함께 보냈다. 삭막해지는 요즘 시대에 승제는 누구보다 가슴이 따듯한 아이로 자라고 있었다.

장난 삼아 승제 아버님이 승제에게 미술은 그만해도 되지 않겠다고 했더니 승제는 "저는 아직도 배울 게 많습니다"라고 했다고 한다. 이제 승제에게 미술교육은 승제의 성장을 돕는 훌륭한 조력자로 인정받았다.

아이디어회의가 달라졌어요

우리 교육원에는 나와 같이 성장해온 아이들이 있다. 초창기에 학원을 하면서 계속 인연을 이어온 사랑스러운 아이들이다. 매번 새로운 프로그램을 만들 때마다 나는 이 아이들을 우선 거친다.

항상 "리윰의 혁신은 저희가 만들겠습니다."라고 말할 정도로 아이들은 리윰의 프로그램을 눈빛만 봐도 알고 캐치한다. 아이들은 그만큼 리윰에서 중요한 존재이고 임원급 역할을 톡톡히 해내

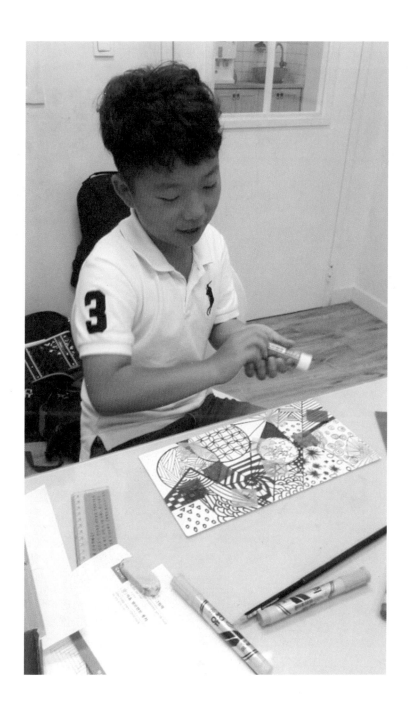

고 있다.

　그중 민채, 민석, 시원, 성본 이 네 명이 리윰의 대표라고 할 만한 이유가 있다. 이 아이들의 수업을 관찰해보면, 마치 광고회사에서 아이디어 회의를 하는 것 같은 느낌을 받는다.

　과학상상화 주제가 들어오면 비유와 상징법을 이용하여 시각적 마인드맵을 만들어 그린 다음 아이디어 회의를 통해 토론하고, 자기만의 독창성을 발현하여 각기 다른 주제를 만들고, 그것을 기획력 있게 어떤 색감과 구성방안에 대해 발표한다. 즉 프리젠테이션을 하는 것이다.

　그럼 난 마치 광고주가 되어 네 명의 아이들의 생각과 아이디어 구성방안에 대해 이야기를 듣는다.

　서울 강남 교육이 부럽지 않을 정도로 아이들이 자기 생각을 언어로, 그림으로 자율적으로 표현하는 모습을 보니, 이 아이들의 미래가 그려진다.

그림을 외워 그리지 않고
당당하게 그려요

5세부터 13세까지 아이들에게 있어서 눈과 손의 협응력은 아주 중요하다. 눈과 손의 협응력은 모든 학습의 기초이자 원동력이 된다. 눈을 통해 생각을 받아들이고, 머리로 그릴 수 있는 힘! 즉 생각하는 힘이 생기며, 다양한 방법들을 손으로 경험하는 활동을 통해 자기만의 창의적인 표현방법이 만들어진다.

시각적 눈은 높아져 있는데 손이 제대로 움직이지 않는다든지, 손의 활동은 잘 발달되어 있는데 받아들이는 눈이 준비가 안 되어 있으면, 아이는 창의적인 표현방법을 터득함에 있어 어려움을 느낀다. 더군다나 같은 연령이라도 눈과 손의 협응력은 아이들마다 개인차가 있다. 그 이유는 타고난 것도 있을 것이고, 후천적인 환경과 부모의 양육 방식, 즉 가정환경의 영향을 받기 때문이다.

예를 들면 책을 좋아하고 어휘력이 잘 발달한 아이가 책을 통한 활동으로 그림을 그려보거나 손으로 움직여 만드는 조형 활동을 하게 되면, 자기 생각보다 표현이 되지 않으면 신경질적 반응을 보인다. 이때 엄마는 '괜찮아~ 다시 천천히 하면 되는 거야!'라고 아이에게 위로의 말을 건넨다.

그러나 이런 정도로는 아이에게 아무런 도움이 되지 않는다. 아이는 눈과 손의 협응력을 이용하여 원하는 대로 표현해보는 경험을 해봐야 한다.

반대로 손 활동 놀이를 좋아하는 아이가 늘 여러가지를 한꺼번에 어질러 놓고 다양하게 그려대고 스케치북 한 장에 조금 그리고 다음 장을 넘기고 또 조금 그리기를 반복하면, 보통 엄마는 종이가 아까운 듯 한 종이에 다 그리라고 한다.

그러나 이럴 때는 다양한 시각적 그림들을 보여주어 그림 읽기를 통해 의미를 부여하는 활동이 들어가야 눈과 손의 협응력으로 이어져 균형적인 발달이 가능하다.

이런 균형적인 활동은 학습할 시기에 많은 영향을 미친다. 독서를 좋아하고 지식을 받아들이는 것을 좋아하는 아이라도 쓰기 활동은 점점 귀찮아한다. 그래서 정리하는 습관이 점점 사라져서, 말로만 떠들고 행동으로 실천하지 않는 아이가 된다. 반대로 손으로 무언가는 하고 있지만, 머릿속에서 연결하는 힘이 부족하여 창의적인 문제해결력이 부족한 아이는 생각하기를 싫어하고 단순 활동만 지향하여 자기 주도가 되지 않는다. 엄마가 시키는 학습 이외는 아무것도 하지 않으려 하기 때문이다.

따라는 나는 눈과 손의 협응력의 조화로운 발달을 위한 '관찰하는 눈'을 통해 본인의 생각과 느낀 점을 터득하는 방법으로 눈과 손의 협응력을 꾸준히 개선시키고 있다. 그것은 바로 관찰하는 눈을 통해 생각하는 힘을 길러 외우지 않고 표현해보는 것이다.

자신감을 키워주는 관찰력

5살에 우리 교육원에 들어온 세본이는 책 읽기를 좋아하고, 언니와 역할놀이, 이야기 나누는 것을 좋아하는 아이다. 또래 아이들에 비해 언어력과 지식 습득력이 발달했다.

나는 세본이에게 좋아하는 동물의 특징을 관찰하게 하여 재미있는 표현기법으로 표현하게 함으로써 관찰하는 방법을 깨우치도록 했다.

아무래도 아이가 좋아하는 관심분야를 가지고 관찰을 유도하니 아이는 깊이 빠져들어 표현하기 시작했다. 점점 동물 외에 물고기, 식물 등으로 관심영역을 넓히더니 재미있는 상황 표현을 하면서 생각의 시야가 넓어졌다. 이제는 그림을 아주 자세히 그려

세본이가 좋아하는 관심 분야를 관찰하고 표현하도록 유도하였다.

아이의 관심 영역을 넓혀주고 다양한 사물들을 관찰하게 하였더니
아이 스스로 재미있는 상황을 표현하기 시작하였다.

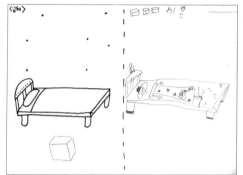
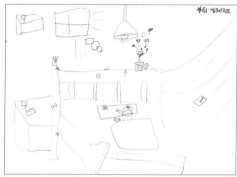

사물을 아주 자세히 그려냄과 더불어 입체적으로 표현하기도 한다.

사람의 다양한 표정과 동작을 관찰하여 표현하게 된 세본이

자기만의 이야기 책을 만들 정도로 눈과 손의 조화로운 발달을 이루어내었다.

세본이는 학교에 입학하게 되면서 사람의 다양한 표정과 동작을 관찰하게 되었고, 별다른 사람 그리기 지도 없이도 학교에서 수행하는 모든 표현 활동을 자신감 있게 해내고 있다. 아이에게 그림으로 관찰하는 능력은 무엇보다 자신감을 가져다준다.

창의력을 키우는 관찰력의 힘

여름방학이 되어 서준이는 가족과 방학 한 달 동안 제주도에 머물며 휴가를 보내기를 하여 학원을 휴원한 적이 있다. 그때 난 서준이에게 작은 크로키 노트를 한 권 주면서, 제주도에 살면서 한 달 동안 서준이가 본 제주도의 풍경을 관찰하여 그려보는 미션을 주었다.

제주도의 여정을 끝내고 집으로 와 짐 정리를 하는 도중에 서준이 어머니는 한 권의 크로키 노트를 발견했다. 어머님은 서준이의 미션노트에 그려진 제주도의 풍경, 아이가 바라본 다양한 시점의 관찰 풍경을 보고 감동하셨다.

지난 1년 동안 미술학원에 다녀도 별다른 변화가 없는 것 같은 느낌을 받았는데 서준이의 이 관찰노트를 보고 생각의 변화를 느끼셨다고 한다.

서준이가 제주도에서 그린 그림

펜션 앞 바다

돌담의 현무암

풍력발전기

낚시터

제주 전통 돌담집

한라산 노을

한라산 낮

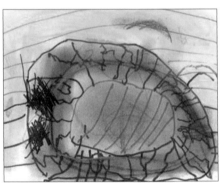

성산일출봉(위에서 보는 시점)

획일적인 시각에서 벗어나 다양한 관찰 방식을 깨우치면
창의적이고 개성 있는 표현이 가능하다

서준이를 통해 나 역시 관찰의 힘을 다시 한 번 느꼈다. 리움 미술학원은 아이들에게 획일적인 관찰을 시키지 않는다. 예를 들면 모니터를 통해 사진만 보고 그리는 방식이나 실물 고등어를 제시하여 관찰하는 기존의 방식에서 벗어나 아이들의 생각이 뛸 수 있도록 다양한 관찰방식을 유도한다.

따스한 봄 날씨에는 아이들과 피크닉을 가는 여유를 부리며 야외에 나가 다양하게 관찰할 수 있도록 야외스케치를 한다. 관찰하는 즐거움을 알아가며, 자기 핸드폰을 가져와서 관찰 사물을 찍어보게 한다. 그리고 자기만의 소중한 애착 인형이나 장난감을 가져와 소개하며 실물을 관찰하게 하고, 자기만의 관찰 기획안을 만들어 오리고 붙여 표현한 기록지를 만들게 한다. 관찰 활동을 통해 집중할 수 있는 힘을 발휘한다.

리움 아이들의 그림 작품들을 보면 하나하나 개성이 살아 있는 그림임을 알 수 있다. 획일적인 시선이나 편견에서 벗어나 다양한 방법으로 관찰할 수 있어야만 창의적인 표현이 나올 수 있다. 리움 아이들의 창의적인 그림이 그것을 증명해준다.

표현력은 생각의 싹을
키우는 원동력

사실 아이들이 미술교육을 통해 자신감을 얻고 그리기의 즐거움을 아는 것은 어렵지 않다. 아이가 테크닉하게 잘 그리진 않더라도 자신감 있는 마인드를 끌어내어 말하는 즐거움을 알게 해야 한다. 그래서 나는 아이들이 자기 그림을 언어적으로 표현할 수 있는 활동을 하게 하고 작품에 의미를 부여하여 정리하도록 한다.

그런 다음 아이마다 맞춤형으로 파악하여 눈과 손의 균형이 이루도록 관찰력을 심어준다. 그리고 자유자재로 그림으로 표현하게 하여 그림을 감상하는 사람들도 그림의 의도를 파악하여 서로 소통할 수 있게 한다.

이때 아이들에 대한 교사의 세심한 관찰이 필요하다. 그 아이만의 정서, 성향, 발달특성, 수업의 흐름, 집중도를 파악하여 들어가야 한다. 교사의 지도 방식이 상당한 역할을 미치기 때문에 연구가 필요하고 준비, 계획이 필요하다.

리융의 선생님은 스토리 리융의 교육 철학을 반영하여 연구에 매진하고, 아이들의 특성 하나하나에 맞추어 다양한 표현 방법을 끌어낸다.

대부분 미술교육은 표현력 향상을 위해서 교재 위주로 하되 참고그림을 찾아 아이들을 지도하는 방식이다. 반대로 우리는 아이들의 표현력 맞춤 교재를 하나하나 따로 준비하여 아이와 함께 만들어나간다. 이런 방법으로 우리 아이들의 표현력이 이렇게 바뀌었다.

선생님, 저는 주제 그림을 완성할 줄 몰라요

5살에 들어온 효서는 이제 초등학교 1학년 중반을 달리고 있다. 너무 미술학원을 좋아하는 마음이 따뜻한 친구이다.

귀여운 꼬마아가씨 효서는 다양한 재료를 이용한 꾸미기 활동을 좋아하지만, 항상 주제에 대한 생각을 그림으로 표현하는 시간에는 지우개질을 많이 한다. 늘 시간이 오래 걸린다. 그리고 자기 그림을 손으로 가리면서 그린다.

"효서야! 괜찮아. 효서는 꾸미기도 잘하고 만들기도 잘하는 친구라 그리기는 완벽하게 하지 않아도 돼요. 다양하게 방법을 배우면서 실력이 올라가는 거니까 선생님이랑 천천히 해보자." 내가 이렇게 설득해보았지만, "선생님, 저는 나비를 못 그려요. 선생님, 사자를 그렸는데 똑같이 안 되요."라며 효서는 자꾸 고쳐 그렸다.

사실 효서는 그림을 못 그리는 아이가 아니다. 누가 보아도 관찰력이 좋고 잘 그린다. 그래서 우리는 효서가 먼저 주제를 그리기 이전에 효서에게 주제상황에 관련된 동영상을 보여주었다. 예를 들면, 봄에 대한 생활화를 그리는 표현 활동일 때는 봄에 관련된 노래를 들려주고 따라 부를 수 있도록 했다. 그리고 생각나는 단어를 4개 적어 보게 하고, 그림카드를 4장 만들어 나열하게 하여 짧은 글을 짓게 한다.

개나리, 병아리, 봄동산, 효서 가족, 이렇게 네 단어가 나오면, 육하원칙을 토대로 누가 어디서 무엇을 하는지 문장으로 만들어 본다. '효서 가족은 개나리가 피어 있는 공원에서 병아리를 보았어요.'라고 아이디어 스케치북에 짧은 글을 적어보게 하고, 머리에 그려지는 모습을 어떻게 표현할 것인지 생각해보게 했다. 그렇게 하나하나 똑같이 그리는 것에 집중해주기보다 오히려 놀이를 이용하여 효서가 몰입할 수 있도록 지도하니 효서는 점점 그림을 그리다가 지우는 횟수가 줄어들었다. 그러면서 선생님이 다양한 표현 방법을 지도하니 주제 그림을 재미있게 완성하게 되었다.

오세암의 기적, 성환이

성환이는 7살에 들어와 초등학교 4학년이 된 어엿한 초등 고학년이다. 항상 성환이는 그림을 아주 작게 그렸다. 그 탓에 색칠을 하지 못하여 그림이 완성되지 못했고, 성환이 어머니는 학교 수업시간에도 이럴까 봐 걱정이었다. 그런 이유로 입학했던 성환이가 5년 넘게 리윰 미술학원을 다니게 된 이유는 무엇일까?

당연히 성환이는 이제 어디서든 그림표현을 자신감 있게 완성할 수 있는 능력이 있다. 성환이만의 맞춤형 표현 방법 지도과정이 있었기 때문이다.

성환이는 다양한 주제를 그림으로써 표현법을 찾아갔다. 성환이는 형태 표현이나 생각을 그리는 방법은 문제가 없었으나, 색의 표현력이 부족했다. 그래서 색깔 놀이를 통해 색의 다양성을 인지하고, 유사색과 반대색을 이용해 다양하게 조합하고 다양한 색을 내는 재료를 이용해 주제를 구성하도록 해보았다. 그러면서 점차 드로잉과 색의 균형 있는 표현법을 완성하도록 지도했다.

색을 이용한 미술적 표현력이 좋아지자 성환이는 다양한 교육적 효과를 보여주었다. 성환이는 학교 쉬는 시간에 바빠졌다. 그 이유는 아이들에게 그림 주문 요청이 들어오면 그림을 그려주고, 게임을 그림으로 그려 친구들과 놀이하고, 틈틈히 자기 생각을 그림으로 표현하기 때문이다.

우리 리움 선생님들은 항상 성환이가 오는 수업 시간과 요일을 기다린다. 우리는 잡지 구독을 하여 매월 신간호를 기다리듯이 성환이의 그림노트를 구독한다. 성환이의 연습장 한 장 한 장을 넘겨보면, 리움 미술학원에서 배운 표현법, 자기만의 응용 표현법, 새롭게 재해석한 표현법이 가득하다.

그중 카카오 이모티콘을 새롭게 재해석한 아제들의 생활 키워드 디자인을 보면서 다같이 모여 웃음꽃을 피운 적이 있다.

성환이는 최근에 〈오세암의 기적〉이라는 책을 읽고, 그림으로 함축하여 만화로 재구성해보기로 했다. 성환이는 중간중간 진행 과정을 보여주었고, 리움 선생님들은 성환이의 열성팬이 되어버렸다. 미술이 생각하는 힘을 길러준다는 것을 성환이를 통해 다시 한 번 확인할 수 있었다.

아이에게 맞는 맞춤형 주제로 표현력을 길러주자 덩달아 감정 표현력도 풍부해졌다. 감정 표현에 미숙한 유치부 아이들도 감정 조절 능력이 향상되었다.

리움 미술학원에 다닌 이후 아이가 상황에 따라 감정을 풍부하게 표현하게 되었다고 어머니들은 말한다. 아이의 감정을 알게 되어서 육아에도 도움이 된다고 한다.

초등학교 고학년들은 본인 스스로 개별적으로 주제를 찾아 그림을 그리는 활동을 하다 보니 관심 있는 영역이나 인상 깊었던 에피소드, 그리고 고민들을 그림에 녹아냈다. 그러다 보니 자연스럽게 그림으로 주위 사람들과 소통하게 되고, 내면의 문제들이 해소되는 현상을 보였다.

아이의 특성과 연령에 맞는 맞춤형 미술교육은 아이들에게 이성적으로나 감성적으로나 조화로운 발달을 가져다주는 훌륭한 매개체가 된다.

기획력까지 키우는
맞춤형 미술교육

우리 리윰은 아이들이 스스로 주제를 구성할 수 있도록 지도한다. 그 과정에서 아이마다의 관심 분야, 지식, 경험을 같이 소통한다.

모든 부모가 우리 아이에게 제일 바라는 것은 자기 주도이다. 스스로 공부하고, 스스로 생활하고, 스스로 해야 할 일을 찾아서 하고, 스스로 진로를 찾아가고, 스스로 직업을 만들어가고, 독립하여 스스로 돈을 벌고, 결혼해서 스스로 행복한 삶을 사는 것이다.

부모들은 우리 아이의 미래가 궁금하다. 어떻게 이 각박한 현실을 지혜롭게 헤쳐나갈지 말이다.

내가 이렇게 화두를 던지는 이유는 리윰의 아이들은 같은 미술교육을 받고 있지만 결과는 다르게 나타난다는 것을 알려주고 싶기 때문이다. 같은 수업을 듣더라도 아이가 관심 있는 분야와 결합되어 표현되기 때문이다. 세민이는 그림으로 노래를 짓거나 동시를 쓰는 것을 좋아하고, 기태는 주로 게임 아이템과 결합하여 그리고, 규민이는 식물도감을 관찰해서 그리는 것을 좋아하고, 주미는 다양한 꾸미기를 통한 액세서리 디자인을 좋아한다. 이렇듯 각자 자기 것으로 다양하게 응용하고 해석한다는 것이다. 이렇게 나만의 것을 만들다 보면 응용하는 힘이 생겨 자기 주도력이 생긴다.

11살인 나영이와 13살인 민지는 기획능력이 아주 뛰어난 아이들이다. 6살 때 처음 만났던 이 아이들은 아직도 미술을 굉장히 좋아한다. 학교, 친구들, 학부모들 사이에서는 엄친아로 통한다. 말그대로 '이대로만 자라다오!'인 아이들이다. 이 아이들의 기획력은 해마다 조금씩 정교해지고 있다.

항상 아이들에게 인기 많은 나영이

나영이는 자기 할 일을 스스로 잘하는 친구이다. 매사에 늘 즐겁게 임하는 행복한 아이다. 그렇다고 나영이가 학습량이 적은 것은 아니다. 특히 초등 고학년에 들어서 학원이 더 늘어나 미술수업 시간이 월요일 6시다. 그런데도 늘 지친 기색 없이 선생님들에게 웃음을 주는 긍정적이고 밝은 아이다. 언제나 책을 좋아하는 친구이며, 사교성이 좋고 유머스러스해서 친구들에게 인기가 많다. 신입 상담을 할 때 나영이가 다니는 미술학원이라고 하면, 나영이를 아는 주변 부모님들은 먼저 학원을 인정하는 분위기일 정도이다.

나영이는 그림을 통해 소통하는 것이 습관이 되었다. 책과 그림으로 창의적인 생각을 구성해내고, 캠핑 같은 특별한 경험을 하거나 새로운 친구들를 사귀면 그림으로 표현해서 소통한다.

사실 6살에 만난 나영이는 낯가림이 심하고 내성적인 아이였는데, 어느새 내성적인 정서와 외향적인 정서가 균형을 이루는 아이로 성장했다.

그 성장 과정에서 '미술'은 나영이에게 좋은 친구가 되어주었다. 나영이는 미술을 통해 세상과 소통하는 다양한 방법을 터득했기 때문이다.

부모와 같은 심정으로 나는 나영이만의 맞춤형 미술교육으로 효과를 주고 싶었다. 그것은 바로 기획하는 능력을 길러주는 것이었다. 나영이에게 미술교육으로 스스로 기획하는 능력을 심어주니 그 효과는 어마어마했다.

첫째, 나영이는 스스로 학교과제를 거침없이 수행했다. 둘째, 수행평가 과제 때 스스로 계획을 잡고 자료를 수집하고 내용을 서술하고 자료를 정리하여 완성했다. 셋째, 독서하고 난 후 줄거리와 자기 생각을 말할 때 머릿속에 장면들이 빨리 그려지다 보니 프리젠테이션 능력이 또래 아이들보다 탁월했다. 넷째, 자기 생각을 그림으로 어떻게 표현하고 완성할 것일지 기획하며 진행하니 아이의 응용력이 높아졌다.

마지막으로 나영이는 친구들 사이에서 리더십을 발휘했다. 친구들은 항상 나영이와 놀고 싶어 했다. 나는 나영이가 친구들을 어떻게 리드하며 노는지 궁금해서 친구인 은서에게 물어보았다.

나영이는 항상 그림을 통해 친구들과 소통한다고 한다. 아이들과 캐릭터 그림을 그리며 놀았는데, 모든 아이에게 각각 다른 칭찬을 해서 놀이를 유도한다는 것이다. 예를 들어 원 캐릭터와 너무 똑같이 그린 은서를 칭찬하면서도 캐릭터를 재구성해볼 것을 제안했다. 또, 그림을 자신감 있게 못 그려 쭈뼛쭈뼛하는 친구에게는 캐릭터를 똑같이 그리는 것보다는 너만의 캐릭터로 독창적으로 해석해서 그려도 멋진 그림이라고 다독이며 친구들을 아우르며 팀을 구성한다는 것이다.

그 아이들은 집에 와서 엄마에게 이렇게 말한다고 했다.

"엄마, 나도 나영이처럼 그림을 멋지게 그려서 친구들과 재미있게 말할 수 있게 되어 인기가 생겼으면 좋겠어."

민지야! 이 방법을 친구들에게 설명해줄 수 있겠니?

학교 미술 시간이 되면, 어김없이 민지는 칠판 앞에서 아이들에게 설명한다.

민지는 8년 동안 스스로 주제를 다양한 방법으로 구성할 수 있는 맞춤형 미술교육을 받아왔다. 오랜 시간 그림을 그려오다 보니 민지는 동생 서영이와 함께 자주 미술대회에 참가한다.

그렇다고 상을 받기 위해 그림을 달달 외워서 스트레스를 받아가며 나가는 건 아니다. 민지에게 그림대회는 소풍과 마찬가지이다. 어린이그림대회가 있다고 하면, 도시락을 들고 가족과 함께 출전한다. 잔디밭에 앉아 두 시간 정도 그림을 그려서 제출하면 맛있는 도시락을 먹고 주변의 다양한 행사에도 참여할 수 있고 자연에서 뛰어놀 수 있으니 말이다.

민지에겐 어떤 즉흥적인 주제라도 아이디어를 구성하여 그림을 통해 주제에 대한 메시지를 전달하는 것이 어렵지 않기 때문에 가능한 일이다. 민지는 어떤 즉흥적인 주제라도 당황해하지 않고 표현력 있게 생각을 전달한다.

그렇다 보니 학교 수업과제에서도 기획력이 빛을 발한다. 학교에서 '우리 마을 그려오기'라는 과제를 받았을 때 민지는 먼저 머릿속 A4용지에 우리 마을에 무엇이 있는지 그려보고, 그런 다음 옥상에 올라가 핸드폰으로 마을 풍경을 찍어보고는 지금 민지가

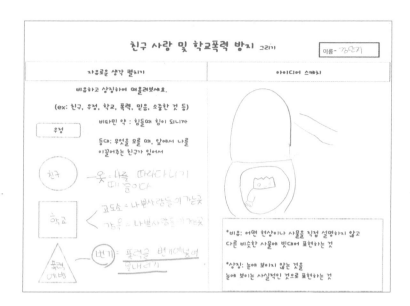

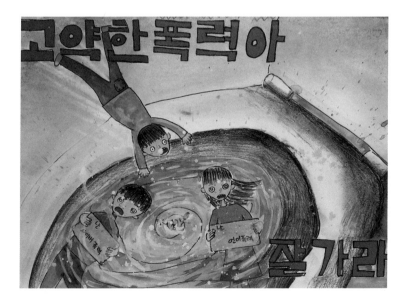

배우고 있는 투시도법을 응용해 1점 투시를 이용하여 마을의 모습을 입체적으로 표현했다. 그런 다음 선생님과 자기가 느낀 점을 소통했다. 그렇게 과제를 스스로 마무리했다.

한번은 학교수업 시간에 민지가 학교폭력에 대한 포스터를 그리는 과정을 담임선생님께서 유심히 보시더니 친구들 앞에서 그 방법을 전달해보라고 하셨다. 그때 민지는 학교폭력에 대한 메시지를 포스터로 만드는 방법을 아이들에게 하나하나 설명해서 칭찬을 들었다고 학원에 와서 자랑을 했다.

그 일로 민지는 어느새 학반의 보조 미술선생님이 되어 미술시간에 아이들에게 칠판에 원리를 그려가면서 다양한 표현방법을 전달하고 있다고 한다.

이렇듯 같은 미술교육이지만 개인별 맞춤형 교육을 했을 때 아이마다 다른 효과가 나타나는 것이 정말 신기하다.

애플 같은 회사를 창업하는 벤처창업가가 될까? 나는 우리 리움 아이들의 미래를 상상하며 매일 아이들과 마주보게 된다. 나는 정말 이 아이들의 미래가 궁금하다.

내년을 기약하는
아이들은 성장한다

우리 교육원의 아이들은 맞춤형 미술교육을 통해 제각기 다양한 주제(스토리)를 바라보며, 다양한 경험을 떠올리고, 이야기를 그리고, 선생님과 소통하며 미래로 나아가고 있다.

그리고 교육의 종착역인 '성취감'으로 생각과 창의적인 표현을 완성한다. '성취감'이란 자라는 아이들에게 매우 중요한 요소이다.

아이들은 태권도 학원에서 띠가 바뀔 때마다 신 나 하고, 스마트폰 게임에서 다음 단계로 레벨이 상승할 때마다 짜릿한 쾌감을 느낀다. 그래서 게임은 아이들에게 신 나는 일이다.

그런 모습을 보는 부모는 속으로 이런 말을 할지 모른다. '공부할 때도 저렇게 하면 좋으련만…' 하고 말이다.

학습이든 놀이든 아이가 신 나야 하고 재미있어 해야 단계를 뛰어넘는 보람과 성취감을 느끼고 결과에 만족한다. 이런 성취감을 느끼면 실패와 경험을 바탕으로 될 때까지 도전한다.

일반적인 학습 수업의 수업지도안을 보면, 학습목표를 제시하여 도입, 전개, 정리 및 마무리로 이루어진다. 도입은 주제에 대한 흥미 유발과 동기부여 단계로 아이들에게 다양한 시각적 매체와 자료를 통해 주제에 대한 주의집중을 시킨다. 전개는 주제에 대한 다양한 활동을 아이들이 직접 경험하는 단계이며, 그 경험의 생각과 느낀 점을 바탕으로 정리 정돈을 하여 학습을 마무리한다.

대부분 미술교육 수업에서는 학원의 교육 철학과 프로그램에 따라 도입 부분에서는 선생님의 역할이 주가 되고, 아이들은 활동 위주가 많은 전개 부분 위주로 진행된다. 도입과 정리 및 마무리는 교사가 하는 시스템으로, 교사로부터 시작에서 교사로 정리되는 수업방식이다.

하지만 리움은 다르다. 아이들로 시작에서 아이들이 정리하는 수업으로 지향하다 보니, 성취감을 통해 성장하는 아이들이 있다. 바로 창의성반 아이들이다. 창의성반 아이들은 매월 아이들이 직접 계획표를 만든다. 학습목표를 통해 계획표를 만들 때 프로젝트 주제는 주어진다.

학습목표 주제는 상상아트 마켓이다. 3개월 프로젝트 동안 자

기만의 실용적인 물건을 디자인하여 독창성 있는 조형 작품으로 만들어 우리만의 시장놀이를 하는 것이다. 그럼 아이들은 큰 2절 도화지를 펼쳐 놓고, 한 달 달력을 그려 이날에 무엇을 할 것인지 의논하고 계획한다. 처음에는 시행착오가 있었지만, 점점 열띤 토론의 장이 펼쳐지고 한 달 수업을 아이들끼리 계획한다.

그중 예준이는 매일 미술학원에 오기를 하루 전부터 손꼽아 기다린다.

"엄마, 내일은 화요일이죠?"

"응. 내일은 화요일이지."

"화요일에는 내가 생각한 공룡을 진짜 가방에 그리고 색칠하는 시간을 해요. 음… 그리고 수요일엔 우산에 무엇을 그릴지 생각하는 날이기도 하구요. 와, 다음 주 금요일엔 제가 좋아하는 그림책 수업을 해요."라고 온종일 미술학원 이야기란다.

예준이는 미술학원에 들어오는 순간 아이들이 직접 계획한 수업 달력을 보고 오늘은 어떤 활동을 하는지 하나하나 체크하며 수업에 임한다.

그리고 두 달이 지나면 아이들은 직접 제작한 작품과 자기가 좋아하는 그림책이나 장난감 한두 가지를 가지고 나와 상상아트 마켓을 연다. 자기만의 특별한 가게를 열어 친구들과 부모들을 초대해 예준이가 열심히 만든 우산을 팔아보고, 가방을 팔아본다.

상상아트 마켓을 마치고 난 다음 시간에는 마켓을 하며 느낀 점과 반성한 점을 친구들과 나눈다.

"너무 떨려서 제대로 말하지 못했어요. 다음에 다시 한다면, 내 물건에 대해 자신감 있게 성멸해줄 거예요."

"다음에는 손수건을 만들어서 팔고 싶어요."라는 다음 계획까지 나온다. 그리고 상상아트 마켓 수익금을 어떻게 사용할 것인지 토론하는 것으로 다음을 기약한다.

이번에 맞이하는 상상아트 마켓을 아이들은 레이저 눈빛을 발하며 계획하고 있다. 어떤 작품을 만들어 어떻게 팔 것인지, 얼마에 팔 것인지 등을 기획하는 일이 너무 즐겁기 때문이다. 그렇게 리움의 창의성반 아이들은 또 다른 성취감을 계획하고 있다.

맞춤형미술교육을 통해
다양한 꿈을 그리는 아이들

눈동자가 갈색빛인 지혁이와 구릿빛 피부를 지닌 키가 큰 재마는 늠름한 남자아이들이다. 6살에 처음 만난 지혁이와 재마는 지금 12살… 사춘기로 향하고 있다.

이 둘은 여자아이들보다 예쁘게 말하고 애교가 많아 눈에 띄었다. 그런데 지혁이와 재마는 초등2학년이 되더니 점점 말투가 퉁명스러워지고, 매사에 짜증이 늘었다.

미술수업을 즐거워하던 아이가 어느 순간 의욕이 없어졌고 다 귀찮다는 듯 선생님이 알아서 결정해달라는 식이 되었다.

이런 현상은 보통 학년이 올라가면서 아이는 더 놀고 싶은데 점점 공부 양은 많아지고 학원은 늘어나니 몸이 피곤할 뿐 아니라 왜 공부를 해야 하는지 몰라 무기력증이 쌓이면 나타난다.

무기력했던 아이가 꿈을 그리기 시작하다

지혁이와 1:1 상담을 통해 그림 그리기가 힘들면 내가 직접 엄마에게 전화해 미술수업만이라도 줄여서 놀 수 있는 시간을 늘려달라고 부탁해보겠다고 지혁이 편에 서서 대화를 풀어나갔다.

지혁이도 학원을 그만두거나 공부를 하고 싶지 않은 건 아니어서 나에게 도움을 청했는지 모르겠다. 난 지혁이가 이제껏 했던 그림들을 싹 나열하여 지혁이가 얼마나 괜찮은 아이인지 보여주었다.

"처음에는 제가 이렇게 그렸어요?"

지혁이는 피식 웃더니 자기 그림들을 한 장 한 장 살펴보았다.

"그림을 보면 알겠지만 지혁이는 계속 발전하고 있어. 너만 몰랐던 것뿐이야. 선생님은 지혁이의 특별한 장점을 알고 있어."

"그게 뭐예요?"

"지혁이는 왠지 훌륭한 건축가가 될 것 같아. 이렇게 그림을 설계도면 그리듯이 그리잖아!"

"에이, 제가요?"

그러면서 나는 왜 지혁이가 건축가가 될 수 있는지 지혁이의 그림에 나타난 단서를 하나하나 짚어나갔다.

"지혁아, 선생님은 나중에 동네에 작은 미술관을 지어서 그림을 배우고 소통하는 문화공간을 만드는 게 꿈이야. 지혁이에게 꼭 선생님의 미술관을 부탁할게."

나는 지혁이에게 진심으로 발전 가능한 희망의 메시지를 전달했다.

그러자 지혁이의 눈빛이 변했다. '나도 할 수 있다'라는 가능성을 깨달은 지혁이는 세계를 테마로 다양한 건축물을 입체적으로 그리기 시작했다. 그림을 통해 자신과 소통하기 시작한 것이다.

그리고 1년이 지난 후 지혁이에게 또 다른 그림을 발견했다. 지혁이는 자기만의 작업을 설계했는데, 그 그림 속에는 여러 가지 단서가 숨겨져 있었다. 마치 내가 그랬던 것처럼 지혁이는 그림속에서 단서를 찾는 작업을 하고 있었다. 마치 프로파일러 같았다.

"혹시 지혁이 나중에 표창원 의원 같은 범죄심리 프로파일러가 되는 거 아니야?"

지혁이는 또 피식 웃는다.

"지혁아, 이렇게 다양한 꿈을 꾸기 위해서는 자기 자신을 들여다보는 것이 중요해. 지혁이가 다양한 꿈을 그려볼 수 있게 공부도 하고 때로는 고비도 겪고 여러 감정들이 교차하는 거란다. 힘들어서 무엇도 할 수 없다고 느낄 때 자신에 대해 자세히 관찰해보면 정말 즐겁게 공부하고 생활할 힘이 생긴단다. 지혁아, 다양한 꿈을 그리며 가능성을 통해 너의 미래를 스스로 그려보렴."

나는 지혁이가 더 자유롭게 생각하고 꿈을 꿀 수 있도록 독려했다.

지혁이는 이제 여행에 관심이 많다. 지혁이가 그림이라는 도구를 통해 앞으로 얼마나 더 많은 꿈을 꾸게 될지 벌써부터 기대가 된다.

재마와는 2학년 때부터 재마가 관심 있어 하는 분야에 대해 소통할 수 있었다. 재마가 좋아하는 것은 운동이었고, 특히 야구에 아주 관심이 많았다. 재마는 매번 야구장에 가서 선수들을 응원했고 야구놀이에 빠져 있었다.

재마의 이런 관심은 그림에 바로 나타났다. 재마와 함께 그림으로 소통하면서 야구에 대해 이야기하는 날이 많았다. 그러면서 나는 자연스럽게 재마의 꿈이 야구선수라는 것을 알게 되었다.

그림을 통해 소통을 하다 보니 재마의 꿈은 더 구체화되었다. 그러자 재마는 예전처럼 활기를 띠며 매사에 적극적으로 변했다.

재마의 그림 때문에 바뀐 것은 재마뿐만이 아니었다. 그림을 통해 야구에 대한 재마의 관심과 열망을 알게 된 재마 부모님은 재마를 유소년야구단에 들어가게 해주었다. 야구선수의 꿈을 키울 수 있도록 환경을 만들어주신 것이다. 재마는 지금도 힘든 훈련을 견디며 꿈을 향해 나아가고 있다.

내 꿈은 야구선수

나는 커서 나성범 선수와 같은 멋진 야구선수가 되고 싶다.
나성범 선수는 NC다이노스 소속이며
안타를 칠 때의 동작이 아주 멋진 선수이다.
나는 나성범 선수가 되든지 잘하는 줄로만 알았는데,
나성범 선수도 예전에는 도루를 하는 것을 어려워했다고 한다.
도루는 투수의 동작을 보고 재빨리 다음 베이스로 이동하는 것인데,
나성범 선수는 도루를 잘하기 위해
출발과 속도, 슬라이딩 연습을 아주 많이 했다고 한다.
이렇게 늘 노력하는 나성범 선수처럼
나도 늘 노력하는 야구선수가 될 것이다.

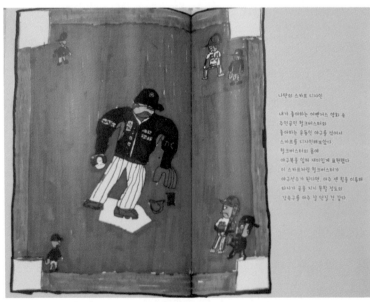

나만의 스바로 디자인

내가 좋아하는 어벤져스 영화 속
주인공인 헐크버스터와
좋아하는 운동인 야구를 섞어서
스바로 디자인해보았다.
헐크버스터의 몸에
야구복을 입혀 재미있게 표현했다.
이 스바로처럼 헐크버스터가
야구선수가 된다면, 아주 센 힘을 이용해
타자가 공을 치나 무한 걱도의
강속구를 아주 잘 던질 것 같다.

시련을 극복하는
힘을 주는 미술교육

영국의 그림책 작가 존 버닝햄의 〈알도〉라는 그림책이 있다. 알도는 외로운 여자아이의 상상친구인 토끼다. 이 여자아이만의 비밀친구 알도는 여자아이가 무서울 때나 힘들 때마다 항상 함께한다. 어려운 일을 당할 때마다 슈퍼맨처럼 나타나서 도와주고, 멋진 곳에 데려가서 놀기도 하고, 그네를 밀어주기도 하고, 책을 읽어주고, 여자아이의 마음을 제일 잘 알아주는 친구이다.

하지만 아이는 알도라는 존재를 누구에게도 말하지 못한다. 아무도 믿어주지 않기 때문이다. 그리고 간혹 알도가 보이지 않을 때도 있다. 현실세계로 돌아온 것이다.

여자아이는 알도와만 노는 것은 아이다. 텔레비전을 보기도 하고 장난감을 가지고 놀기도 하고 엄마와 놀이터에 가거나 외식을 하기도 한다.

아이들이 매사에 항상 즐거운 생활을 하는 것이 아니다. 부모 관계, 형제 관계, 유치원 또는 학교 기관과의 관계, 친구 관계, 방과후 활동에서의 관계 등 다양한 관계 속에서 상처받기도 하고 자기를 누르며 세상을 살아간다. 때때로 외로움이 찾아오기도 하고, 때로 참기 힘든 환경을 만나기도 한다.

그럴 때 머릿속으로 긍정적인 것들을 생각하면서 스스로의 힘으로 극복해야 한다. 근사한 곳에서 수영하기, 눈사람 만들기, 그림 그리기, 악기 연주하기 등, 아이가 좋아할 만한 것들은 얼마든지 많다. 그런 것들을 상상하면서 외로움도 떨쳐내고 두려움도 떨쳐내고 혼자 노는 것을 배운다.

이 그림책의 주인공도 언제나 알도와 함께 있는 것은 아니다. 현실 속에서 해야 할 것이 많기 때문이다. 그러나 언제나 알도를 만난다. 알도와 만난다는 것은 아이가 스스로 문제를 해결하는 능력을 기르고, 혼자서 노는 법을 터득해간다는 뜻이다. 5세 아이의 발달특성 중 하나가 상상 친구를 만드는 것이다. 이 시기가 되면 아이의 상상력이 증가하여 상상놀이가 가능해지기 때문이다.

지금 우리 아이들은 외로운가, 행복한가?

지금 우리 아이들은 어떤 현실에 마주보고 있는가? 외로움을 극복하는 힘을 가지고 있을까? 외로움을 해소할 수 있는 자기만의 방법이 하나라도 있을까? 보이지 않지만, 알도 같은 상상친구가 자기 안에 존재할까?

어른들만 우울한 감정을 느끼는 것이 아니라 아이들도 때때로 우울한 감정을 느낀다고 한다. 그렇기 때문에 아이는 자기만의 놀이를 통해 감정을 해소하는 방법을 배워야 한다. 그런 아이가 공부를 잘하는 아이보다 세상을 현명하게 살아갈 수 있다.

혼밥, 혼족이라는 말이 등장한 것처럼 요즘은 혼자서 해야 하는 일이 많아졌다. 이제 외로움은 스스로 극복해야 한다. 그래서 나는 아이들이 그림을 통해 스스로 다양하게 즐길 수 있는 방법을 터득하게 하려 한다.

지후는 5살에 우리 교육원에 들어와 미술로 다양하게 자신만의 놀이를 즐기며 성장해왔다. 매니큐어로 풍선에 그림을 그리고, 집에서 다양한 재료를 끌어모아 소품을 만들고, 친구들과 미술놀이로 소통하고, 미술로 자기의 감정을 표현한다. 그림으로 다양한 방법을 배우고 새로운 것을 터득한다.

그래서 지후는 6년 동안 그림을 한 번도 쉰 적이 없다. 그렇다고 뛰어나게 그림을 스킬 있게 표현하는 것은 아니지만, 지후는 보이

는 그림이 아니라 보이지 않는 그림을 그린다. 그림 속에서 자신만의 알도를 만나고 성장하고 있는 것이다. 그래서 지후는 학년이 올라갈수록 여러 가지 방면에서 스스로 할 수 아이로 자라나고 있다.

리윰의 아이들은 하교 후 쉬는 시간이 바쁘다

우리 교육원에 오래 다닌 아이들은 꼭 자기만의 연습장 노트를 가지고 있다. 학교 쉬는 시간에 아이들의 놀이를 보면, 다양한 모습을 볼 수 있다. 어떤 아이는 춤을 추면서 놀고, 어떤 아이는 운동을 하러 나가고, 어떤 아이는 친구와 대화를 하고, 어떤 아이는 조용히 책을 읽는다.

리윰의 아이들은 대개 연습장에 그림을 그리며 논다. 게임 캐릭터를 만들어서 놀기도 하고, 이야기를 만들어 만화로 그린다. 이 활동을 통해 아이들은 그림 하나로 친구들과 화합한다. 많은 돈을 들여서 창의성 교육을 받지 않아도 생활 속에서 미술을 도구로 응용하여 창의성을 키우는 것이다.

대부분 초등 고학년이 되면, 미술은 그만두고 공부에 전념해야 한다며 미술교육을 중단하는 경우가 많다. 사육비 부담이 크니 그럴 수밖에 없다. 주요과목 과외비만 해도 만만치 않으니 말이다.

그러나 리윰에는 고학년 아이들이 많다. 리윰의 고학년 아이들은 오히려 부모님을 설득하며 원에 온다. 아직도 배울 게 많다는 것이다. 아이마다 자기에게 맞는 수업으로 진행되다 보니 리움 아이들은 다 다른 경험을 한다. 그렇다 보니 아이들은 자기가 만든 그 이미지를 통해 새롭게 만드는 작업을 너무 재미있어 한다.

아이들은 보편성 있는 교육보다는 특수성 있는 교육으로 나만의 특별함을 찾고 싶어한다. 다양한 경험을 자기만의 방식으로 나아가니, 고학년 아이들에게 리움은 딱딱한 현실이 아닌 상상의 세계이다. 이것이 바로 아이들이 살아갈 창조의 세계이다.

우리 아이에게 공부도 중요하지만, 학년이 올라갈수록 아이들의 취미도 미래를 살아가는 데 있어 중요한 요소로 자리 잡을 것이다.

그림책이
가져다주는 즐거움

　귀여운 단발머리에 피부가 하얀 4살짜리 꼬마 아가씨 하은이가 엄마 손을 잡고 우리 교육원에 와서 미술을 시작한 지 7년이라는 시간이 흘렀다.

　대부분 4살 정도의 아이가 교육상담을 오면, 엄마 손을 잡고 부끄러워서 엄마 뒤에 숨거나 아니면 호기심이 넘쳐서 부모와 상담하는 동안 실내 여기저기를 돌아다닌다.

　하지만 하은이의 자세는 달랐다. 하은 어머니와 상담하는 동안에도 하은이는 초롱한 눈빛으로 나의 얼굴을 응시하고, 뒷짐을 지고 미동도 하지 않은 채 나의 설명에 귀를 기울였다.

　또래 아이답지 않게 의젓하게 행동하는 모습을 보고 너무나 신

기했다. 당시 나는 5살부터 수업을 진행했기 때문에 1년 뒤에 만나자고 했고, 하은이 어머니는 연락처를 남긴 채 돌아갔다.

다음해 나는 하은이가 5살이 되던 해에 당장 연락을 드렸다. 그 다음 날 5살짜리 꼬마아이는 당당하게 원으로 들어왔다.

하은이의 표정은 의미심장했다. 내가 이 시간을 위해 기다렸노라는 비장함이 5살 꼬마 여자아이에게서 풍기는 것이 너무 신기했다. 역시 하은이는 미술시간을 아주 즐거워했다. 또래에 비해 하고자 하는 의욕도 넘쳤다. 혼자서 잘 그리고 잘 노는 하은이와 난 그림을 통해 세상과 소통하고 싶었다.

비쥬얼 리터러시 교육의 놀라운 효과

나는 5살 하은이에게 비쥬얼 리터러시(Visual Literacy) 교육을 시작했다.

유명한 그림책 작가의 그림책을 보여 주며, 그림 읽기를 통해 그림을 샅샅이 보고 관찰하는 방법으로 자기만의 이야기를 상상해서 만들어보게 했다. 그리고 다양한 작가 선생님들의 기법을 적용해보면서 숨겨진 이야기를 찾아보기도 하면서 다양한 생각을 표현하도록 유도했다. 그러자 그림책에서는 없었던 더 많은 이야기가 만들어졌다. 그림책으로 더 다양한 소통이 가능해진 것이다.

7세가 되면서 하은이는 그림 읽기를 통해 그림책 안에 핵심,

즉 키워드를 발견하는 능력이 빠르게 향상되었다. 주제에 대한 파악이 잘 되면서 8~9세 되었을 때는 정리하는 능력이 탁월하게 형성되었다.

하은이는 미술대회에 나가는 것을 즐겼다. 매년 김해 진례에 위치한 클레이아크 미술관에서 주최하는 어린이그림대회가 있는데, 이 대회는 기존의 미술대회와 다르게 창의적으로 그림을 표현하는 것을 선호한다.

아이들이 그림대회에 참가하면 아이가 그림을 그릴 수 있는 구역을 두어 부모가 일체 관여할 수 없도록 한다. 오로지 아이의 순수한 표현능력을 보겠다는 것이다.

그리고 대회 주제는 당일에 발표되기 때문에 어떤 주제가 나올지 예측할 수 없다. 그 대회에서 하은이는 1000명이 참가하는 가운데 대상 다음인 최우수상을 차지했다.

내가 이 사례를 실은 이유는 하은이와의 인터뷰 과정에서 너무나 놀랐기 때문이다.

"하은아, 주제가 〈하얀 마음, 검은 마음〉인데 이렇게 어려운 주제를 너는 어떻게 그림으로 표현했니?"

"음… 비유와 상징을 생각했어요. 주제에 대해서 생각하면서 무엇을 그릴지 고민할 때 비유와 상징을 생각하면 훨씬 더 생각이 잘 떠올라요. 하얀 마음, 까만 마음이라고 주제가 발표되었을 때,

마음에 무엇을 비유할까 하다가 마음은 보이지 않아서 손으로 마음을 표현했어요. 그래서 양쪽 손을 그리고 주제가 반대니까 한쪽 손은 하얀 마음, 한쪽 속은 까만 마음으로 결정했어요. 그리고 하얀 마음 손가락 하나하나 위에 하얀 마음을 생각했을 때 그려지는 키워드, 즉 핵심을 상징화해서 그리고, 까만 마음에 해당하는 키워드를 상징화해서 까만 손가락 위에 표현해봤어요."

나는 하은이가 그림을 잘 그린다는 것에 초점을 맞추지 않았다. 하은이를 보면서 주제에 대한 주제 의식을 통해 의미를 전달하고 핵심을 그림으로 전달하는 능력이야말로 아이들이 세상을 살아가는 데 반드시 필요한 것이 아닐까 생각했다.

키워드 인지 그림을 통해 키워드를 의미 있게 해석하는 단계야말로 아이가 주도성 있게 자기를 스스로 표현하는 밑바탕이 아닐까 한다.

5장

대한민국 미술교육의
기준을 꿈꾸다

미술교육자로서의
비전

　어느덧 미술교육에 대한 나의 생각, 경험, 그리고 지식이 마지막 장에 이르렀다.

　어렸을 적에 글짓기 대회에 나가거나 대학 리포트 과제를 할 때면 짜깁기하기 일쑤였다. 보여주기 위해, 학점을 받기 위해 이해도 되지 않는 용어들로 글을 적었다면, 이 글은 정말 내가 이해할 수 있는 이야기들을 풀어서 아이들의 미술교육에 관심 있는 독자들이 공감하고 자신의 지식으로 받아들였으면 하는 간절한 마음으로 써내려갔다.

　글을 쓰면서 나 자신을 되돌아보고, 나의 생각을 정리해야 했기에 끈기와 인내가 필요한 과제였다.

글재주 없던 내가 이렇게 긴 글을 썼다는 점에서 나 자신을 칭찬해주고 싶다. 역시 사람에게는 도전이라는 것이 필요하고, 꿈이 있어야 한다는 것을 실감한다. 평범한 것에서 나를 특별하게 만드는 힘은 바로 꿈과 도전이다.

실적보다 아이디어를 중시, 결국 창의적 인재를 만드는 지름길

돈을 많이 벌어 사업에 성공한 사람도 아니고, 위대한 업적을 만든 사람도 아니고 나는 지금도 지극히 평범한 사람이다. 하지만 오로지 내 삶 안에서 행복한 가치를 만들어내고 싶고, 나 자신이 인정하는 꿈을 그리고 싶다.

성공이라는 단어는 결코 돈의 가치에 비례하지 않는다고 생각한다. 내 안에, 마음에, 생각에 존재하는 가치가 성공이다. 아이들에게 미술을 가르치는 것이 행복하고 즐겁지 않으면, 책을 쓰지 않았을 것이다.

어떤 사람들은 미술교육에 특별한 게 없다고 생각하며 자기 식으로 해석하지만, 본질은 바뀌지 않는다. 난 지방의 어느 작은 마을의 미술 선생님이지만, 우리 아이들이 행복한 일, 건강한 일을 스스로 찾아가기를 진심으로 바란다.

세상은 넓다. 그 넓은 세상을 바라보며 진취적으로 도전하고 나아가기 위해서는 바로 나 자신이 제일 중요하다.

나도 나보다 뛰어난 사람, 나보다 더 좋은 것을 먼저 시작한 사람을 만나거나 마주했을 때 이루 말할 수 없는 자괴감에 빠져들기도 했다. 하지만 남들이 먼저 했다고 포기하는 건 나 자신을 포기하는 것과 같다. 오히려 나는 그 방법을 더 구체적으로 찾아서 배우고, 나만의 방식으로 만들어나가는 것이 현명하다고 생각한다.

내 인생에 터닝포인트가 되었던 책이 한 권 있다. 이 책을 통해 어쩌면 나는 책을 쓸 수 있던 희망과 용기를 얻었는지 모르겠다. 바로 스티븐 풀의 〈리씽크(오래된 생각의 귀환)〉이다.

무에서 유를 만들기 위해서는 재발견이 필요하다. 영화 아이언맨의 실제 모델이자 이 시대 최고의 혁신가로 불리는 엘론 머스크는 인터뷰에서 이렇게 말했다.

"세상은 나를 새로운 것을 만드는 혁신가로 소개한다. 하지만 나는 '어떻게 하면 새로운 것을 만들 수 있을까'가 아니라 '어떻게 하면 기존의 것을 낫게 만들 수 있을까'를 고민한다."

그 고민의 결과물이 바로 테슬러 전기 자동차다. 그 전기차는 이미 150년 전에 구현된 아이디어였다. 실제 19세기 말, 미국에서는 전기차 택시들이 거리를 돌아다녔는데 당시에 등록된 전기차 수는 3만 대 이상이었다.

약 10여 년이 흐른 후, 전기차는 자취를 감춰버린다. 당시 주요 교통수단이었던 마차 기사들이 전기차의 사고를 문제 삼아 퇴출을 주장했고, 배터리 용량 문제까지 겹치면서 전기차 회사는 문을 닫을 수밖에 없었다.

하지만 150년이 지나, 세상으로부터 억압받던 전기차는 오늘날 최고의 혁신제품으로 인정받게 되었다. 시대 상황이 크게 바뀌면서 아이디어의 평가가 달라진 것이다.

영국의 유명 저널리스트인 스티븐 풀은 이러한 일들을 지켜보며 우리 사회에 한 가지 큰 편견이 존재한다고 생각한다. 바로 혁신은 무조건 새로워야 한다는 것이다.

의문을 품은 그는 역사적으로 혁신이라 평가받은 수많은 아이디어를 연구했고, 이들의 공통점을 발견했다.

그것은 바로 '재발견'이었다. 최고의 아이디어는 대부분 과거의 것을 다시 생각하는 데서 나온다는 것이다.

"많은 사람은 혁신을 누구도 생각해본 적 없는 아이디어로 생각하지만, 사실은 그 반대입니다."

19세기 인류의 식탁혁명을 일으킨 냉동식품 아이디어는 그로부터 400년 전 베이컨이 발명한 아이디어를 되살려낸 것이었다. 20세기에 들어와 인정받아 물리학의 진보를 크게 앞당긴 원자론은 철학자인 데모크리토스가 2000년 전에 주장한 이론이었습니다.

"최고의 혁신 아이디어는 과거와 단절된 것이 아니라는 것이죠."

그런데 우리는 대개 아이디어를 떠올릴 때 과거를 벗어나야 한다고 생각한다.

"좀 신선하고 새로운 거 없니?"

"그 아이디어는 누가 한 거잖아. 이미 있는 거고."

하지만 과거의 아이디어를 외면해버리면 엄청난 혁신이 숨어있는 가능성을 버리는 거다. 오늘날 혁신을 일으킨 대부분의 아이디어는 과거에 헛소리로 취급받던 생각이었으니까.

스티븐 풀은 이렇게 말했다.

"생각지도 못한 일이 벌어지는 지금 시대에서 다시 과거로 돌아가자는 말이 아닙니다. 오늘날 우리에겐 이런 생각이 필요하다는 거죠. 단지 전에 들어본 거라고 해서 다시 시도하지 말라는 법은 없다는 것을요."

이 책을 감명 깊게 읽은 나는 아이들을 가르치는 교육자로서 많은 생각을 하게 되었다. 혁신적이고 새로운 교육보다는 생각을 표현하고 즐기는 방법을 나만의 것으로 만들어가는 것, 그것을 통해 협력, 소통하고 개성을 중시하여 다양한 경험을 소중히 여기는 교육방법으로 나아가는 것, 그것이 나의 진정한 미술교육론이 되었다.

우리 아이들은 자신에게 맞는 맞춤형 지식과 경험을 스스로 찾아 원하는 미래의 큰 그림을 그려야 한다. 타인이 아닌 자기 자신에서부터 만족할 수 있는 가치 있는 삶을 살아가도록 미술교육은 도울 수 있다.

나는 에릭칼 뮤지엄을 꿈꾼다

　나는 다양한 창의적 표현들을 글 위주보다는 그림을 보면서, 그림책을 통해 간접 경험하곤 한다. 미술관이나 박물관에 찾아가기도 하지만, 다양한 생각과 표현들을 볼 수 있는 매개체는 도서관이나 서점에서 볼 수 있는 그림책들이었다.

　그림책에 관심 있게 빠져들다 보니 다양한 작가들에게도 관심이 저절로 생겼다. 작가 탐색을 하면서 만난 다양한 스토리들이 나의 교육 가치관의 구심점 역할을 하게 되었다. 둘 다 미술을 전공한 우리 부부는 나중에 꼭 시골의 어느 작은 마을에 아이들을 위한 조용한 미술관을 만드는 것이 꿈이다.

　에릭칼 뮤지엄은 나의 롤모델이다. 에릭칼 뮤지엄은 미국 보스톤 어느 작은 시골마을에 위치한 미술관으로, 아이들을 위한 체험 프로그램과 아트 체험, 그림책 교육이 공존하는 곳이다. 나는 그처럼 수도권 도심이 아닌 지방에서도 아이들이 마음껏 창의적인 활동을 할 수 있는 공간을 제공해주고 싶다.

나 역시 처음 미술교육을 시작한 곳이 도심이 아니라 작은 마을이라서인지 에릭칼 뮤직엄이 마음에 와 닿았다. 내가 본 첫 번째 그림책도 에릭칼 선생님의 그림책이다. 아이들 마음과 생각을 먼저 그리는 작가라 존경한다.

그리고 자기만의 독창적인 페이퍼 티슈를 다양하게 만들어 표현하는 다양한 그림과 남다른 테마가 있는 뮤지엄도 동경한다.

그것이 현실적이든 비현실적이든 나는 아이들이 더 나은 환경에서 미술교육을 받을 수 있도록 매진하고 있다.

나만의 맞춤형 교육을 찾아서

나는 아이들에게 맞춤형 미술교육을 진행하고 있다. 지금 생각해보지만 나 역시도 항상 나에게 맞는 것을 찾아서 한 걸음씩 나아가고 있다.

그리고 조금씩 발전하는 나를 발견한다. 맨 처음 그림을 시작했을 때, 대학에 들어갔을 때, 교육사업을 시작했을 때, 그리고 지역적 특색과 조건을 고려하여 차별화 미술교육을 진행했을 때와 비교하여 나는 크게 성장했다. 매년 교육내용이 진화하고, 변화적이다.

이런 나의 교육방식이 안정적이지 않고 체계적이지 않아 보일 수 있지만, 그 안에는 패턴들이 숨겨져 있다.

나는 매번 역동적인 변화를 추구하고 안주하지 않는다. 아직도 나의 완벽한 맞춤형은 진행형이다. 이 진행형이 언제 멈출지는 모르겠다. 이런 가치관이 있는 교육자들과 함께 나아가고 싶다.

지방에서 시작되는 미술교육의 혁신

대부분 창의력 교육은 대도시에서부터 내려와 지방으로 정착한다. 지방 사교육의 98%는 프랜차이즈 프로그램이다. 나 역시 다양한 프랜차이즈 가맹을 경험해보았다. 그러나 결국은 부모님들은 소신 있는, 그리고 진정성 있고열의 있는 교육자에게 신뢰를 보낸다. 진정서 있는 교육만이 성공의 결실을 맺는다는 것을 나는 비로서 알게 되었다.

프랜차이즈 사업이 나쁘다는 것은 아니다. 다만 교육의 경영 마케팅 등 여러 부가적인 요소들은 도움받을 수 있지만, 성공의 결국은 내가 하기 달렸다는 것이다.

이 세상에는 새로운 것도, 혁신적인 것도 양면성을 지닌다. 그곳에서 나는 나름대로의 가치와 경험을 통해 지방 어느 작은 마을에서도 움직일 수 있다는 것, 그리고 중심이 될 수 있다는 것을 보여주고 싶다.

작은 변화를 일으키는 리듬

나는 항상 마음속으로 되뇌는 말들이 있다.

'서두르지 말자. 그리고 조급해하지도 말자. 최선을 다하자. 진심을 보이자. 욕심 부리지 말자.'

난 무엇이든지 빨리 습득하도록 타고나지 않았다.

그래서 무엇이든지 빨리 터득하고, 재치 있게 잘하는 아이들이 늘 부러웠다. 잘하고 싶고 주목받고 싶은 욕심은 많은데 쉽게 되지 않다 보니 열등감이 상당히 많았다.

그래서 내가 승부를 걸 수 있었던 것은 시간과 끈기였다. 남들보다 빨리 나아가기보다는 단거리보다 장거리에 초점을 맞추어 조금씩 나아가기 시작했다. 그래서 지속성 있게 미술교육을 해나갈 수 있게 된 것 같다.

4차산업혁명을 맞이하는 우리 아이들은 또 다른 과제에 직면해 있다. 아이들이 미술을 통해 무엇이든 할 수 있는 주도성을 키우길 바란다. 그래서 미래를 당당히 맞이할 수 있도록 아이들을 안내하는 역할을 하고 싶다.

아이들에게 많은 가능성을 그려주고 싶은 밑바탕 미술교육

어떤 분야든지 모든 이면에는 늘 보이는 것과 가려지는 것이 있다. 보이는 것은 당당히 주목받고 화려하지만, 보이지 않는다고 해서 역할이 적은 것은 아니다.

예를 들면 영화 시상식에서 주인공들이 상을 받으면, 보이지 않는 곳에서 애쓰는 많은 스태프에게 감사의 메시지를 전한다.

교육에서도 늘 주목 받는 과목이 있다. 미술은 늘 주인공인 아닌 보조를 해주는 역할에 그치고 만다. 그러나 미술교육을 지도하면서, 나는 5세~13세까지 아이들에게 미술교육의 진정한 포지션을 알게 되었다.

아이들의 잠재된 가능성을 실현해주는 베이스가 미술이다. 마치 화장도 베이스가 잘 되어야 색조를 통해 화려하게 얼굴이 살아나듯이, 학습적인 부분에도 끈기와 창의력, 사고력, 실행력을 보조해주는 밑바탕이 필요하다. 미술교육은 아이들이 목표를 향해 가는 길에 징검다리와 같은 역할을 해줄 수 있다.

단순 동기부여가 아닌, 활동과 경험이 전부가 아닌, 미술교육의 진정한 가치를 깨닫는 인식의 변화가 일어나길 바란다.

부모들에게, 교육자들에게 전하는 메시지

"우리 아이들을 위한 미래를 생각해보았나요?"

많은 어른들이 지금 현재가 너무 고달프고 힘이 들어서 미래에 대해 생각할 여유가 없다고 생각할지 모른다. 그러면서도 내 아이만은 나보다 더 나은 삶을 살기를, 행복한 삶을 살기를 원한다.

현재를 살아가는 엄마들은 너무 바쁘다. 일도 하고, 아이들 육아에, 가사일까지 만능 역할을 하며 하루하루를 전투하듯이 살아간다.

내가 살 10년 후, 아이가 살 10년 후가 오늘 하루하루를 충실히 살아가면 더 나아질 거라고 기대하면서. 그런데 정말 지금 우리 아이에게 시키고 있는 공부가 10년 후 우리 아이에게 도움이 될지 고민해본 적 있는가.

미래학자 앨빈 토플러는 2007년에 한국을 방문해서 다음과 같은 말을 했다.

"한국에서 가장 이해하기 힘든 것은 교육이 정반대로 가고 있다는 것이다. 한국 학생들은 하루 15시간 이상을 학교와 학원에서, 자신들이 살아갈 미래에 필요하지 않은 지식을 배우기 위해 그리고 존재하지도 않을 직업을 위해 아까운 시간을 허비하고 있다."

실제로 대학을 졸업한 학생 중 3분의 2는 자신의 전공과 상관없는 직장에서 일하고 있다. 배운 것을 써먹을 수 없는 곳에서 일하고 삶을 살아가고 있다는 것이다.

나는 미래를 예측할 능력은 없지만 우리 아이들이 살아갈 10년 후 세상은 우리가 상상하는 것 이상으로 발전할 거라는 것은 알고 있다.

그 세상에서 핵심적인 키워드인 '창의성'에 대해 많은 생각을 하게 된다. 창의력은 어느 한순간에 나타나는 것이 아니다. 창의적인 생각을 할 수 있는 바탕이 만들어져야 한다. 그 바탕은 아이가 어렸을 때부터 자유로움을 통해 자기의 생각을 표현하고 즐길 수 있게 하는 것이다. 상상력을 밑바탕으로 지식과 공존하여 다양한 방법을 스스로 터득해야 한다.

아이들을 학원에 보내라고 등 떠미는 사람은 없다. 그런데도 부모들이 아이를 학원으로 몰아넣는 것은 '불안' 때문이다. 자기 생각이 점점 사라져가고, 남들이 하는 것을 따라 하지 않으면 불안해하는 사람들이 너무 많다.

우리 아이들이 원하는 것, 즐거워하는 것, 관심 있어 하는 것은 무엇일까?

10년 후 자녀가 자기 생각 없이 타인의 삶과 행동을 따라 하길 원하는 부모는 없다. 꿋꿋이 아이가 자기가 하고 싶은 것, 자신이 가고 싶은 길을 개척해갔으면 한다.

아이의 10년 후를 걱정하고 도와주고 싶다면 지금 아이가 무엇을 하고 싶은지, 어떤 생각을 가지고 있는지를 소통할 수 장소가 하나라도 있는지 생가해보자. 아이들에게는 자신을 들여다볼 수 있는 환경과 시간 확보가 매우 중요하다.

모든 아이가 피카소, 레오나르도 다빈치처럼 천재가 될 수는 없다. 하지만 미술을 통해 잠재성을 최대한 발현할 수 있게 할 수 있다. 통제하기보다는 원칙을 세우고 받아들이게 하자. 미술학원이 쉬다 가는 공간이 되어도 나쁘지 않다. 아이들에게는 아무것도 하지 않는 시간도 중요하기 때문이다. 아이들의 두뇌가 창의적이며 상상력을 동원할 자리를 만들어주는 것이 필요하다.

이 글을 통해 아이들이 리움 미술교육원에 다녀야 한다고 말하고 싶은 것은 아니다. 분명히 이러한 마인드를 지니고 미래형 미술교육을 위해 열심히 뛰는 교육자들의 교육원이 어디에나 있다는 메시지를 전달하고 싶다.

그곳은 부모들이 직접 찾아야 한다. 우리 아이의 잠재적인 가능성을 끌어내줄 수 있는 곳, 아이가 주도하여 표현할 수 있는 공간을 만난 아이는 스스로 미래를 개척할 수 있다.

학습된 무기력증에서 벗어나 우리 아이들이 행복한 삶을 살게 해주고 싶다면, 아이들이 마음을 풀 수 있는 공간을 마련해줘야 한다. 아이들이 하나쯤은 꾸준히 해나아갈 수 있도록 해주어야 한다. 그 속에서 아이들은 반드시 즐거움을 찾아낸다.

남해 어느 작은 마을에서 잠재적인 가능성을 지낸 아이들이 더 넓은 세상으로 나아갈 모습을 그리면서 나는 오늘도 아이들과 함께 나도 즐겁고 아이들도 즐거운 미술수업을 하고 있다.

미래를 준비하는
현명한 부모의
필독서

내 아이 4차 산업혁명 시대의 인재로 키우기

이정숙 지음 | 13,800원

4차 산업혁명 시대 인재 육성을 위한 최초의 부모 지침서!

"4차 산업혁명 시대가 도래 했다" 미디어마다 4차 산업혁명의 중요성을 이야기한다. 곧 로봇이 인간의 일자리를 대체할 것이고, 우리가 아는 많은 직업이 사라질 것이라고 한다. 그러나 아직도 많은 부모들은 자신들이 공부했던 때를 떠올리며 아직도 오직 명망 높은 대학 입학에만 관심을 두고 있다. 교육학 박사이자, 30년 넘게 학원 원장으로 교육 현장에서 아이들과 함께한 저자는 이 책에서 미래 교육의 흐름인 4차 산업 시대를 강조하고 예측하며 이에 맞는 공부 방향을 제시하고, 3천 명이 넘는 아이들을 마주하며 알게 된 효과적인 사춘기 시절을 보내는 방법, 사춘기 아이 독려 방법, 창의력 계발 방법, 자기 관리법 등을 소개한다.

엄마의
감정 공부로
슈퍼키드
키우는 법

엄마의 감정리더십

최경선 지음 | 13,800원

좌절을 반복하고 죄책감에 잠 못 드는 엄마들을 헬육아의 늪에서 건져내고 행복한 육아로 인도하는 책

세상은 4차산업 혁명기로 접어들었다. 창의력이 경쟁력인 시대에 맞는 아이로 키우려면 엄마는 어떻게 해야 할까? 이제는 자기감정을 조절할 줄 아이가 인재다. 아이의 감정은 엄마의 감정 토대 위에 자라기 때문에 아이가 어떤 행동을 하든 엄마의 감정 대처법이 아이에게 큰 영향을 미친다. 그래서 엄마의 감정리더십이 필요하다.

감정에 끌려다니는 것이 아니라 감정을 주도하고 긍정적으로 이끄는 엄마라면 〈엄마의 감정리더십〉을 통해 '아이와 함께 성장하는 육아'를 경험하게 될 것이다.

좋은 선택을 이끄는 엄마, 코칭맘

정은경 지음 | 13,800원

평범한 아이도 주도성을 가진 상위 10%
특별한 아이로 만드는 코칭맘의 39가지 교육법

자기 삶을 스스로 이끌어가는 주도적인 아이로 만들려면 '질문하고 공감하고 생각하게 하는 코칭'으로 키워야 한다는 점을 강조하면서 엄마코칭이란 무엇인지, 코칭맘이 키운 아이는 어떤 점이 다른지 설명하고 엄마코칭으로 스스로 공부하는 힘을 길러주는 방법을 소개한다. 책은 왜 엄마는 자녀의 코치가 되어야 하는지, 학교 공부와 인성교육에서 구체적으로 어떻게 자녀를 코칭할 수 있고, 어떤 효과를 거둘 수 있는지 자세히 다루고 있다. 가정에서 실제로 적용할 수 있는 엄마코칭 매뉴얼과 엄마들이 꿈을 찾을 수 있도록 도와주는 워크시트를 첨부하여 코칭을 처음 접하는 엄마도 쉽게 시도해볼 수 있다.

아내 CEO 가정을 경영하라

최미영 지음 | 12,800원

무일푼 남편을 50억 자산가로 만든 대한민국 1호
아내 CEO, 가정의 운명을 바꾸는 아내 리더십을 말하다!

불행한 어린 시절, 가난한 20대와 신혼 생활을 건너 50억 자산가 남편을 만든 저자 최미영은 한 사람이라도 공감하고 변화하는 데 동기부여가 될 수 있다면 하는 마음으로 이 책을 썼다. 저자 역시 지금은 '가정을 경영하는 아내 CEO'라는 타이틀을 찾았지만 그동안 자신의 역할이 무엇인지, 단지 남편과 아이들의 뒤치다꺼리나 하며 그 그늘에 평생 가려 자신의 목소리를 내지 못하는 것은 아닌지 고민하며 살았다. 그러나 세상에 없는 모델을 찾아가며 힘겹게 자신의 길을 개척했다. 이 세상에서 경영, 회계, 실무, 교육까지 모두 담당하는 유일한 사람이 한 가정의 아내다. 그런 아내가 변화하면 가정의 운명이 바뀐다. 이 책은 세상 모든 아내들이 가정을 매니지먼트하는 아내 CEO가 되어서 당당한 목소리를 찾을 수 있도록 돕는다.